新传播

NEW COMMUNICATION

深圳报业集团舆情与传播研究院 编

人民日报出版社

目录 CONTENTS

前沿聚焦：增强“四力”

特别关注：新中国成立 70 周年

媒体融合

新闻英才

获奖探秘

采编论见

广电视听

版权保护

国际传播

微信微观

进观外媒

前沿聚焦

增强"四力"

习近平总书记在全国宣传思想工作会议上发表重要讲话时强调，宣传思想干部要不断掌握新知识、熟悉新领域、开拓新视野，增强本领能力，加强调查研究，不断增强脚力、眼力、脑力、笔力，努力打造一支政治过硬、本领高强、求实创新、能打胜仗的宣传思想工作队伍。为深入贯彻落实这一重要讲话精神，本期《新传播》以"增强'四力'（脚力、眼力、脑力、笔力）"作为"前沿聚焦"专栏内容，组织了11篇文章，其中前面6篇系2019年3月15日深圳市委常委、宣传部部长李小甘和其他5位同志在深圳市宣传思想战线开展增强"四力"教育实践工作会议上的讲话。

李亚威

所有作品的呈现和完成都是考验“四力”的过程

余治国

以“四力”实践向掌心与人心两路并进

楚　宏

脚力，使我的百色扶贫报道收获颇丰

朱建华

做大做强主流舆论需要练就好眼力

耿　伟　赵　明

主流媒体脑力坐标和功能

方　胜

提升笔力的几种路径

王宣海

把握四个“重在”　增强“四力”水平

以增强“四力”教育实践 推动宣传思想工作上新台阶

□ 李小甘

开展增强“四力”教育实践，是更好适应新形势发展的必然要求，也是加强新时代宣传思想工作队伍建设的客观需要。

全市宣传思想战线要认真学习贯彻习近平总书记关于加强宣传思想战线队伍建设的重要论述，充分认识开展增强“四力”教育实践工作的重大意义。要在深入基层中练就强劲脚力，在洞察生活中练就敏锐眼力，在勤学深思中练就过硬脑力，在书写时代中练就不凡笔力。要扎实深入推进增强“四力”教育实践工作，提升全市宣传思想工作队伍整体素质，为深圳建设先行示范区、创建强国城市范例作出更大贡献。

“四力”中，“脚力是根基、眼力是前提、脑力是核心、笔力是关键”。要把增强“四力”教育实践的目标要求融入实际工作当中，推动我市宣传思想工作再上新台阶。要提高政治能力，把牢工作方向，坚持用习近平新时代中国特色社会主义思想武装头脑，切实提高政治站位，坚持正确政治方向，突出政治标准，加强宣传文化系统领导班子和干部队伍配备；要增强专业本领，强化工作执行，增强意识形态阵地管理、锤炼精品的能力；要锐意创新创造，开创工作新局面，坚持与时俱进、

作者李小甘系深圳市委常委、宣传部部长

贴近群众、以问题导向谋创新；要培养优良作风，夯实工作基础，坚决清除“四风”特别是形式主义、官僚主义，切实改进文风，加强调查研究；要统筹谋划，精心部署，推动增强“四力”教育实践工作落到实处、取得实效。传

（此文系李小甘同志2019年3月15日在深圳市宣传思想战线开展增强“四力”教育实践工作会议上的讲话要点）

开足马力　增强“四力”奋力建成一流城市社科院

□ 吴定海

2019 年全国“两会”，习近平总书记选择了全国政协的文艺社科联组会，作为自己下团组的第一站，对文艺和社科工作发表了重要讲话。2 月 26 日，深圳市委常委、宣传部部长李小甘新春调研的第一站也是来到深圳市社科院，看望社科工作者，要求我们对标一流，找准定位，目标高远、追求卓越、拒绝平庸。这表明，党中央和深圳市委高度重视哲学社会科学工作，对繁荣新时代哲学社会科学充满期盼。让我们在备受鼓舞、倍感温暖的同时，也倍感责任重大、使命光荣。当下，增强“四力”，对哲学社会科学工作者任务尤其迫切，亟须通过“四力”教育实践工作，全面提高政治站位、增强创新意识、提升研究能力、培养优良学风作风，才能更好完成以文化人、以文育人、以文培元的使命。接下来，我们将以深圳市宣传思想战线开展增强“四力”教育实践工作会议为契机，在市委宣传部的统一领导部署下，进一步统一思想，提高认识，迅速行动，真抓实干，着重做好如下三方面工作。

一、以更高的站位抓好“四力”教育实践

开展“四力”教育实践活动，是推动习近平新时代中国特色社会主义思想和党的十九大精神往深里走、往心里走、往实里走的实际行动，是推进“两学一做”学习教育常态化、制度化的有力抓手，是贯彻落实中央决策部署和省、市工作要求的重要举措。

作者吴定海系深圳市社会科学院（深圳市社会科学联合会）党组书记、院长（主席）

要通过广泛、深入开展实践教育，持续抓好院党组理论中心组学习，严格落实党组会、支部会第一议题学习，坚持读原著、学原文、悟原理，积极开展习近平经济思想、强军思想、外交思想和生态文明思想等专题学习研究，进一步学懂、弄通、悟透习近平新时代中国特色社会主义思想的丰富内涵和实践要求，全面落实“举旗帜、聚民心、育新人、兴文化、展形象”的使命任务，坚守马克思主义社科理论学术阵地，强化“党管意识形态”的政治操守，牢固树立“四个意识”，增强“四个自信”，坚决做到“两个维护”，让广大哲学社会科学工作者真正成为先进思想的倡导者、学术研究的开拓者、社会风尚的引领者和党执政的坚定支持者。

二、强化责任担当，提升工作能力，更好围绕中心、服务大局

（一）要紧紧围绕市委市政府中心工作

紧扣“中国特色社会主义先行示范区、社会主义现代化强国城市范例、粤港澳大湾区、深港科技创新合作区以及全球区域文化中心城市和国际文化创新创意先锋城市建设”等重点课题，以及“建市 40 周年、经济特区建立 40 周年”等关键时间节点，组织科研人员开展前瞻性、战略性、对策性的深度研究，推出一系列研究项目，出版一系列研究著作，系统研究深圳经济特区在发展理念、发展模式、体制机制的实践探索，总结深圳发展成就背后的中国特色社会主义道路、理论、制度、文化优势，提炼出有学理性的新理论，更好用中国化的科学理论解读改革开放的生动实践，努力多出经得起实践、人民、历史检验的研究成果，当好市委市政府的决策参谋和思想智库。

（二）加强调查研究

强化社情民意和市情调研，推动社科研究走出书本、走出书斋，深入基层，深入社区，深入群众，以更接地气、更有温度、更具厚度的方式，推出系列社情民意和市情调查报告。

（三）要着力打造高水平学术平台

坚持“创学术名刊，筑思想高台”办刊方向，结合互联网，运用微信、微博、手机客户端等新媒体，推动“深思网”与《深圳社会科学》杂志的深度结合，努力将《深圳社会科学》打造成为哲学社会科学的高端学术平台。

（四）要主动宣传宣讲

开展社科研究和社科成果“见报、触电、上网”行动，积极壮大主流思想舆论。通过市民文化大讲堂、学术沙龙等社科普及活动，加强宣讲，让习近平新时代中国特色社会主义思想贴近市民百姓，走进千家万户。

三、持续加强思想作风建设和学风建设

2019 年是深圳市委确定的作风建设深化年，我们将继续坚持严管就是厚爱的理念，坚持从严治院，从严管理干部队伍。领导班子以身作则，严格执行中央八项规定精神和各项廉政纪律，坚持用制度管人、管财、管物。严格科研工作行为规范管理，将廉政和纪律要求贯穿于科研工作全过程。结合市委创建模范机关和整治形式主义、官僚主义的工作部署，坚决整治在课题研究中组织不精细、选题随意和调研不认真、不深入等问题，督促科研人员做好“深调研”，在基层群众中留下脚印，营造风清气正的科研工作氛围，形成 “脚踏实地、刻苦钻研、科学严谨、视野宽阔、守正出新”的好学风，打造“政治过硬、业务精湛、团结高效、务实创新、勇于担当、争创一流”的干部队伍。

（此文系根据吴定海同志 2019 年 3 月 15 日在深圳市宣传思想战线开展增强“四力”教育实践工作会议上的发言整理而成。）

增强“四力”贵在做实长践

□陈 寅

习近平总书记强调，宣传思想干部要不断增强脚力、眼力、脑力、笔力，这为我们广大新闻工作者守正创新，锻造成为一支政治过硬、本领高强、能打胜仗的新闻“铁军”，立下了“军规”，指明了方向，提供了遵循。

“四力”是构成本领能力的根本内涵，更是提升本领能力的方法路径。作为深圳意识形态工作主阵地，深圳报业集团牢记习近平总书记嘱托，勇担使命、奋力在增强“四力”教育实践中学在前、走在前、干在前，通过脚力的立场坚定、勤奋深入，眼力的见微知著、火眼金睛，脑力的多想善思、谋定后动，笔力的生动表达、融合呈现，更好地讲述深圳故事、传播中国声音，更好地承担起“举旗帜、聚民心、育新人、兴文化、展形象”的使命任务，在新时代展现新气象、担当新作为。

一、要在锤炼“四力”中提高政治站位，时刻用习近平新时代中国特色社会主义思想武装头脑

要树牢“四个意识”，坚定“四个自信”，坚决做到“两个维护”。始终坚持正确政治方向和舆论导向，自觉向党中央看齐、向习近平总书记看齐、向党的理论和路线方针政策看齐，守土有责、守土负责、守土尽责，把党的理论路线方针政策、党中央重大决策部署、省委市委工作大局报道好、阐释好、宣传好。

集团各媒体必须坚持政治家办报、办刊、办网、办微、办端、办屏，把旗帜鲜明讲政治的要求贯穿融入到新闻舆论工作的全链

作者陈寅系深圳报业集团党组书记、社长

条、全过程，一丝不苟、目不转睛守好意识形态“南大门”。

二、要在锤炼“四力”中做到真有“几把刷子”，练就真功夫、好把式，不断提升业务本领

马克思主义新闻观是我们做好新闻舆论工作的“定盘星”，必须自觉运用马克思主义立场、观点、方法去认识和分析问题，才能练就透过现象看本质、廓清迷雾辨是非的真功夫，统一思想、凝聚力量，传播正确的新闻观、价值观、世界观。

习近平总书记强调要“努力推出有思想、有温度、有品质的作品”，为我们改进创新新闻舆论、提高新闻报道质量提出了新的要求。作为报业集团旗舰的深圳特区报，不断使出“看家本领”，已连续16年推出的系列“新春评论”，既有“小编”的网感，又有“老记”的深度，在众声喧哗的舆论场中一纸风行，举旗引领成为全市主流媒体的一个响亮品牌。

集团各报网端，坚持开设好各种形式的“走基层”专栏，从总编辑到一线记者，装着大局走、带着问题走、满怀感情走，用“沾泥土”“带露珠”“冒热气”的优秀新闻作品，见证了时代的新变化，记录了闪光的刹那间，传递了炽热的正能量。

三、要在锤炼“四力”中掌握全媒体传播的“十八般武艺”，努力成为“全媒化”“复合型”媒体人才

记者手中的“笔”，不但是指纸媒采写的“笔杆子”，更涵盖了“口头、笔头、镜头”以及各类新媒体传输终端。我们必须综合运用好“采、写、编、拍、摄、播、剪、发”等全媒体传播的“十八般武艺”，增强受众意识，研究受众特征，把握受众需求，不断创新个性化表达、可视化呈现、智能化推送、互动化传播。

目前，报业集团正在推进新一轮深化改革，举全集团之力办好读特新闻客户端，形成“1+N”全媒体矩阵，推进媒体融合向纵深发展，实现纸媒和新媒体此长彼长。全体转型中的采编人员必须进一步创新和丰富技术引领、技术表达，逐渐运用图片、音频、视频、VR、H5等多种形式，有声有色说新闻，绘声绘色讲故事，有理有据写评论，努力提升新闻作品的点击率、阅读率、点赞率、转发率。

四、要在锤炼“四力”中着力培养践行优良作风，深入基层、深入实际、深入群众，进一步转作风、改文风

有没有好的作风决定着宣传工作的效果和水平。作风的漂浮必然带来文风的呆板，没有基层的生动细节，缺乏群众的鲜活语言，新闻作品就不可能有吸引力、感染力、传播力。

深圳报业集团将作风建设作为一项重要工作，建立健全规章制度，引导队伍时时处处表现党报的好传统、好作风，进一步增进同读者用户的感情、提高服务广大受众的能力，在深化“走转改”中不断改进文风，掌握百姓语言、活用网络语言，让报道更接地气、更聚人心、更有共鸣，让群众听得懂记得住。传

（此文系根据陈寅同志2019年3月15日在深圳市宣传思想战线开展增强“四力”教育实践工作会议上的发言整理而成。）

增强“四力” 全面提高新闻工作队伍的整体素质

□ 岳川江

2019年3月15日，深圳市委宣传部召开全市宣传思想战线开展增强“四力”教育实践工作会议。这对于在媒体传播环境及舆论格局发生重大变革的全媒体时代，深圳的主流媒体如何有效贯彻落实好党中央、省市关于做好新闻宣传工作的相关精神具有重大的指导意义。

2018年，习近平总书记在全国宣传思想工作会议上强调，宣传思想战线要增强脚力、眼力、脑力、笔力，努力打造一支政治过硬、本领高强、求实创新、能打胜仗的宣传思想工作队伍。习近平总书记提出的工作要求，对我们新闻工作者而言，是在全媒体时代紧跟时代发展步伐、承担好时代重任、推动实践发展、唱响时代佳音的必由之路。这要求我们要以提高政治能力为根本，以增强专业本领为关键，以锐意创新为抓手，以培养优良作风为方向，进一步加强队伍建设，全面提高深圳广电集团新闻工作队伍的整体素质。深圳广电集团将从三个方面开展好“四力”教育实践工作。

一、从政治高度抓“四力”，进一步打牢思想根基

宣传思想工作就是政治工作，讲政治是第一位的要求。增强“四力”，必须加强政治历练和政治修养。深圳广电集团将通过继续把学习习近平新时代中国特色社会主义思想列为党组会第一议题、开展系列专题学习活动、用好“学习强国”客户端等方法，进一步加强对中央精神、党规党纪的学习，牢固树立“四个意识”，全面提升政治素质；进一步将“四力”教育实践与“两学一做”

作者岳川江系深圳广播电影电视集团总裁

学习教育常态化制度化结合起来，切实将思想和行动统一到习近平总书记在全国宣传思想工作会议中强调的要求上来，确保教育实践工作取得实效。

二、从综合素质抓“四力”，进一步提高专业技能

宣传思想工作是在人的思想建设上下功夫，没有过硬的专业技能是无法实现的。增强“四力”，必须狠抓专业技能的有效提升。广电集团将通过各种举措加大员工培养、人才成长的工作力度，增强人才培养的规划性、系统性和细致化程度，不断完善集团人才培养体系；进一步通过“全媒体人才培养计划”、专业技能培训体系、专家型岗位培养体系，以及岗位练兵、评奖评优、融媒体工作室建设等手段，切实提高思想宣传队伍的“四力”，打造出“全媒化”“复合型”的媒体人才。

三、从工作作风抓“四力”，进一步培养优良作风

宣传思想工作是一项群众工作，有好的作风才能有好的工作成效。增强“四力”，必须狠抓良好工作作风的培养。深圳广电集团将进一步通过深入开展好“好记者讲好故事”、新闻宣传“走转改”等工作，在全集团内形成能站稳群众立场、采用群众语言、讲好群众故事、用好群众喜闻乐见的大众传播载体特别是各类新媒体传播载体，有效改进新闻宣传作风；通过继续开展干部带任务上岗、岗位双选、多种薪酬激励模式建立等工作，在集团内形成敢于担当、干在实处的优良工作作风。传

（此文系根据岳川江同志2019年3月15日在深圳市宣传思想战线开展增强“四力”教育实践工作会议上的发言整理而成。）

所有作品的呈现和完成都是考验“四力”的过程

□ 李亚威

2000年5月，我受深圳市委宣传部的委托，到云南楚雄彝族自治州采写反映深圳挂职干部臧金贵先进事迹的作品，从此与楚雄彝族自治州结下了不解之缘。他们看到我特别热爱那里，就邀请我去做楚雄的外宣片，从那开始进入楚雄彝族自治州，至今已经19年。与楚雄彝族自治州接触的19年彻底改变了我的人生。当时，我正在深圳做小成本的电影《深圳故事》系列，而且做得风生水起，但最后不得不放弃而赶到楚雄彝族自治州。

我将整个楚雄彝族自治州跑了一遍，两万多公里，帮他们拍摄制作了41集风情人文丛片《火之舞——告诉你一个楚雄》，为楚雄打开了一扇面向当代世界的窗口。《火之舞》播映后得到了国内外极高的评价，获得了全国电视“星光奖”、中国电视新闻奖等7项大奖，也为楚雄带来了巨大的知名度，很多人通过《火之舞》了解了楚雄。2012年后我为楚雄彝族人民拍摄了电影故事片《油菜花开》、音乐史诗《中国彝族大歌》和电视栏目《文明的故事》等，又去了云南红河哈尼族彝族自治州、四川凉山彝族自治州、贵州毕节等所有彝族人民生活过的地方跑了一转，加起来应该有4万多公里，帮助他们拍摄了《中国有个暑立里》等电视纪录片。《中国有个暑立里》记录了从2001年到2010年，云南省的一个彝族村落暑立里因为一个篮球而发生的变化。云南楚雄大姚县有一个叫暑立里的彝族村落，四面环山，97户人家，家家都会打篮球，

作者李亚威系深圳市文联副主席、深圳市电影电视家协会主席、深圳市影视产业联合会会长、深圳市政协常委，国家一级编剧、专业导演、享受国务院政府特殊津贴专家

一只篮球打到山外，全村人举着火把去找，球找到了，球胆却破了，他们就将猪尿泡缝进篮球中继续打……《中国有个暑立里》后来被中央档案馆收藏，由国务院的外联局翻译成为 9 种语言，推广到国内外，同时获得“中国电视金鹰奖优秀电视纪录片奖”、中国（青海）世界三地“玉昆仑”国际纪录片“评委会特别奖”和“最佳导演奖”、中国视协电视纪录片学术委员会“长片十佳”奖、四川电视节“金熊猫”国际纪录片“亚洲制作奖”、俄罗斯《生态与环保杂志》最佳导演奖、意大利米兰第 29 届国际体育电影电视节荣誉奖、云南省广播电视文艺一等奖、世界山地纪录片节“评委会特别奖”和“最佳导演”等国内外奖项。那个时期创造的业绩，使我被深圳市委宣传部推到了比较高的全国道德模范提名奖的平台上去，云南省、云南楚雄和广东省、深圳市也都给了我很高的荣誉，我十分感激。

2012 年以后，除了拍摄《中国彝族大歌》，对彝族文化作进一步的梳理之外，我又去了贵州山都水族自治县。那里也是一个贫困县，我拍摄了有关水族的纪录片《过端》，获得了加拿大金枫叶国际电影节最佳纪录片奖，同时也获得了纪录片导演成就大奖。接下来，我又拍摄了反映广东瑶族、八排瑶生活的长鼓舞《打旺都》、反映广西壮族生活的《刘三姐》、反映新疆塔吉克民族的电影《鹰笛·雪莲》等。

这些年来，我的创作无形中形成了两个维度：一条是围绕彝族自治州及周边少数民族边远山区生活的展现，深深地感觉到，不扎下心来耐心地做一些实事，你是无法走近他们的。第二条线是围绕广东深圳题材的作品，完成了纪录片《担杆岛上的猴子王》《一个农民的贡献》《有一个医生叫姚晓明》《凤凰涅槃》，还有正在制作的纪录片《老东门》和 20 集大型系列片《客家人》，已完成的作品大多获得了国内外的奖项。

作为一个艺术工作者，所有作品的呈现和完成，都需要深入一线用脚力去跑，扎下心来研究和发现，找到独特的视角去表达，还要能传播出去并能成为优秀作品和精品。这个过程实际上也是一个考验脚力、眼力、脑力和笔力的过程。在多年的艺术实践工作中，“四力”一直是行之有效的一种方法。

在学习习近平总书记的讲话时，我深深地记住了这样一句话，我们文艺工作者“要把学问送到群众的心坎上”，如何送到群众的心坎上，那就是我们要不断地用我们的作品传递我们的知识、文化，给予人们重视自己文化和文化自信的力量。艺术的业态和精神的业态也是需要种植的，我们实际上是尽最大努力让大家提高文化自信。

我也会把精品至上作为自己的目标。在拍摄的很多作品中，我宁愿自己非常的疲劳，非常的累，甚至于付出健康和金钱的代价，也要使得每一部作品都能成为精品。因为我们没办法，当有一天我们离开这个世界的时候，作品不能跟我们一起消失，所以我只能不停歇地一直在践行“四力”，让人生不留下任何遗憾。传

（此文系根据李亚威同志2019年3月15日在深圳市宣传思想战线开展增强“四力”教育实践工作会议上的发言整理而成，有改动，标题系编者所加。）

以“四力”实践向掌心与人心两路并进

□ 余治国

脚力、眼力、脑力、笔力，这几乎是每一个记者的成长之路，所谓多跑，多看，多想，多写。在这方面，我一直认为，一批深圳报业的同志给了我很多启蒙，也是我对标的榜样，他们普遍性地能跑、会聊、善写，绝对是有两把刷子的人。

中央在当下强调宣传思想工作的“四力”，并推动全国范围的教育实践活动，我觉得这是习近平总书记在全媒体环境下对新闻工作的一种更深刻更本质的要求。一方面，是让我们溯源，回到新闻工作本应具有的素质和品质；另一方面，是助我们登高，在新时代变革背景下深刻理解“四力”具备的新内涵和释放的新要求。

一、脚力，让我们在奔跑中进步

脚力上，我们有深刻感受。就拿全国两会来说，从 2006 年开始我们连续十多年重兵投入，奔赴北京。其实，全国两会是央媒的主场，就跟深圳两会是我们的主场一样。无论在级别上，还是对接的体制机制上，地方媒体能介入的程度、发挥的空间有限。我们深圳卫视即便有几张报道采访证件，也无法覆盖它大部分的新闻活动。原来有同事说，现在网上都直播了，手机普及了，消息一下子全都知道了，在深圳就可以把全国两会的新闻做了，不用这么兴师动众。我觉得深圳广电集团负责人和融媒体中心把这

作者余治国系深圳广播电影电视集团首席评论员

个问题看得很清楚：全国两会堪称中国所有政治要素最齐全的一个重要时刻，党中央、全国人大、国务院、全国政协等宪法框架下的所有政治组织几乎全部聚齐，密集释放消息，与社会频繁互动，与海外也频繁互动。它本身的放大效应非常明显。要想做到对每一个议题的快速反应，特别是以放大深圳元素、深圳声音为目的的快速反应，就需要在北京配备一定的报道规模，需要我们的记者在北京与全国人大代表、政协委员面对面，才能做到与两会同呼吸，共心跳。

有时候，不跑，新闻背后的故事出不来。比如，2018 年我们广电“直播港澳台”团体出品的纪录片《中德制造》。国内论文一直说德国在职业教育上，特别是双元制上有政府补贴。可德国企业家和官员在镜头前接受我们记者采访时，人家就是不认。经过现场调查，查证德文资料后发现，所谓的政府补贴可能只是 2008 年金融危机期间的一个短期补贴制度。纪录片《中德制造》出品方大幅度调整了片子的论述结构，离真相又近了一步，离有意义有价值又近了一步。

好新闻肯定是跑出来的。历史给了我们这代深圳电视新闻人机会，深圳广电新闻始终坚持全国新闻视野，重大活动，重大突发，我们在场。21 世纪之初的 SARS 疫情、汶川地震、云南边境武装冲突、巴拿马籍油轮起火等危险性报道任务，我们抢在同行前发回一线的报道；在总书记外访、金砖峰会、香格里拉会议、金特会、中国嫦娥系列卫星发射、青藏铁路开通等重大场合和历史节点上，我们努力让国人愿意通过深圳广电媒体来了解中国，了解世界，也让我们自己在奔跑中进步。

二、眼力，不仅包括记者调查过程中的观察力、发现力，还包括媒体把关的判断力、甄别力，更有作为媒体经营发展登高望远、顺应融合转型的能力

眼力，我们有深切体会。眼力，不仅包括记者调查过程中的观察力、发现力，还包括媒体把关的判断力、甄别力，更有作为媒体经营发展登高望远、顺应融合转型的能力。作为记者，观察力、发现力要落实到平凡的工作中、每一次领导的调研讲话中，要在每一场签约里、每一个会议议题上，甚至力争在每一次礼节性的会见中去发现新闻，去找寻价值。8 年前，当时深圳主要领导按惯

例会在年底会见一次沃尔玛中国区总裁。按常规，此类新闻就是40秒，新闻主要是表明深圳官方对外资投资企业的支持态度，以及把中国区总部放在深圳的一种特别礼遇。但是我发现，会见主宾是沃尔玛全球总裁，名单中没有中国区总裁。因为不久前，沃尔玛中国区总裁刚刚因为青岛分店过期食品事件引咎辞职。在现场，坐在来宾席第二位有一个新面孔，我上外文网站一查，发现这位是沃尔玛刚刚从澳大利亚一家企业挖来的高管，准备担任中国区总裁，但是因为工作签证还没有下来，所以只是内部宣布任职。在我和摄像的配合下，一条“长相”跟以往不大一样的时政新闻出炉了。《沃尔玛中国区总裁首次在深圳亮相》，新闻中不仅有时政会见内容，同时链接了沃尔玛中国换将的背景和过程，让一条礼节性会见报道具备了重要财经新闻的属性。工作中，这样的新闻富矿还有不少。

在2019年全国两会上，融媒体中心策划的眼力也有所收获。年年两会报道，如何有不一样的精彩，是一件很痛苦的事情，也是必须要做好的事。在集团总裁岳川江、总编辑苏会军和集团编委、新闻中心总监苏荣才以及集团新闻中心执行总监陈红艳与大家的共同谋划下，融媒体中心以“5G+4k+AI人工智能”为主题推出了每天中午一个小时的特别节目《全媒体看两会》。两会期间，中宣部的“新闻阅评”和“两会宣传通气”、国家广播电视总局的“两会日报”、全国宣传例会等，对深圳广电融媒体中心的探索提出表扬，认为节目整体形式新颖、内容创新，体现了媒体融合的成果。这种处理方式也被广东省委主要领导、省委宣传部和深圳市委领导点赞。

三、脑力，要求我们提高新闻的能量密度

脑力，要求我们提高新闻的能量密度。

在互联网时代，我发现个人的思考越来越不够用了。由于信息查阅的便捷，还有各类名家、大家自己就可以对公众传播信息，公众眼界渐宽，传统媒体的三板斧已经不够用了。

循证新闻已经走入我们的视线，力求基于全部证据而非记者的有限见闻，基于尽可能广阔的参照系而不限于手头局部材料，基于全景数据、事实所提示的倾向、趋势和必然性，而不是个人固有观点、一己之见。

2011年英国《卫报》报道“伦敦骚乱”，通过对260万条推特数据分析、归纳，揭示了骚乱与贫困的关联性。

2015年，网易发表《美国国情咨文中的中国形象》，梳理了1825年以来所有相关信息，确凿地勾勒出历届美国总统心目中“野蛮的富庶之国”。

大数据技术让作者和读者在知己知彼、“博古通今”的情态下描述审视某一特定事件、现象、问题。

我想，这也是为什么习近平总书记在讲话时指出，要探索将人工智能运用在新闻采集、生产、分发、接收、反馈中，全面提高舆论引导能力。

这就要求，我们新闻工作者必须要以团体的方式，让脑力以更丰富更多元的方式，来生产新闻产品。这个团体里不能只有新闻专业或者其他文科专业，还需要有懂开发技术的，懂应用技术的，甚至美术设计等艺术学的。这些年，深圳卫视新闻节目的一个重要经验，就是较早地重视了美编技术团体，这个团体包含了技术与美术设计等多方面的复合型人才。中央和其他省市领导来视察时也普遍认为，这个团体的技术在国内是一流的。

事实证明，谁对技术应用得早，应用得好，就必能有所收获。在拥抱技术的同时，在内容创作上也应该向体系化、智库化转进。

环球时报的评论创作过程揭示了它影响力的由来。每天上午，社评编辑与总编辑胡锡进共同协商形成社评题目和文章的基本思路；之后，负责社评的编辑开始打电话，向一些专家询问他们就社评话题的观点和看法；到了晚上，编辑将各种看法归纳在一起；结合这些材料和意见，社评编辑撰写社评，很多情况下这个编辑会修正胡锡进的一些看法。社评写出后，这名编辑要立即把成稿传给专家库成员，征求对社评观点和对文字的具体意见，有时甚至根据反馈意见对文章再做重大修改。这个专家库包括张维为、金灿荣、张颐武、宋晓军、张燕生、张立平等近百名专家。他们来自中国思想界的各个领域，所处的地方也遍及中国的大江南北，他们的研究面几乎涉及中国改革开放的方方面面。这也是我们今后在评论水平上能否更上一层楼的重要经验参照。

四、笔力，对电视人来讲，既包括写也包括表达

笔力上，我自己被一句话触动得比较深：真理半张纸，闲言万卷书。笔力，对我们电视人来讲，既包括写也包括表达。

现在已经进入新写作时代，读者和电视观众的观看习惯有较大变化，当所有资本都在抢夺大家碎片化的时间时，你的文字与视频内容就必须是精炼的、到位的，有时甚至要直来直去。五秒抓不住，人就跑了。

过去，我们电视上主持人经常有开头语：观众朋友大家好，欢迎您收看由某某部门和我们一起带来的……如果换在手机上传播，人早没影了。“古老”的线性表达可能要放弃，需要开宗明义，立马点题。连我们很多领导讲话都已经不按套路了，我们新闻工作者也需要跟上形势。要有抵达受众掌心和人心的笔力。直白地说，过去是作品意识，今后要有产品意识。不能被受众接受的内容，就很难说是党委政府需要的内容。比如深圳市委常委会上，深圳市委书记王伟中就对一些政务公号提出建议：如果你都大篇大篇的字，看起来读起来就没有那么用心，没那么有吸引力。现在不是没字儿，是看字儿太多。

几年来，我们评论上体现了四个特点：一是“快”。不犹豫，不等待张望，深圳一有新精神，党政主要领导一有新动作，理论阐释和新闻报道就跟上了，马上出炉，下先手棋。二是“新”。避免讲大话、空话，在道理中转来转去；也不是讲一些时髦的网络用语，尽量诚恳、真实，将心比心。三是“深”。抓根本，是非曲直不妄言。在解读中避免仅仅就深圳谈深圳，就会议精神谈会议精神，尽量多链接到国家意图、广东全局，连接到理论研究的最新成果，同时要接地气，接地气也算一种“深”。四是“巧”，借助大势带来的关注度，在风口上起飞。比如 2019 年全国两会期间，像今日头条、一点资讯、腾讯新闻、网易等用户规模最大的一批手机资讯客户端，都会集中推送两会消息。比如叫“两会观察”的栏目就有十几个，既有央视、新华社、侠客岛这些央媒，也有深圳卫视、浙江卫视等地方媒体，都在这些商业平台上推送。大家每天话题基本一致的情况下，就看谁更能吸引读者和观众。我们的几篇“两会观察”，在同类栏目的点阅量和影响力中都相对领先。

当然，作为媒体人的脚力、眼力、脑力、笔力，和习近平总书记要求我们达到的水平相比，与深圳市委市政府和深圳市委宣传部领导对我们的期待相比，特别是与一批优秀的同行相比，我们还有很大差距。深圳广电集团正在以前所未有的力度，深化内部体制机制变革，我们每一个从业人员都有强烈的危机意识和继续向前探索的冲动。我们将按照深圳市委常委、宣传部部长李小甘及宣传部其他领导的要求，按照深圳广电集团的部署，在争夺互联网主阵地上，争取拿出匹配深圳这座城市的更大作为。

（此文系根据余治国同志2019年3月15日在深圳市宣传思想战线开展增强“四力”教育实践工作会议上的发言整理而成。）

脚力，使我的百色扶贫报道收获颇丰

□ 楚宏

作者曾“冒雨攀岩涉险进村，只为摸准贫困的根”；驱车采访“会车”时，他的车险些失去重心翻落悬崖…… 脚力，使他的百色扶贫报道收获颇丰：获全国赵超构新闻奖一等奖、全省新闻战线“走转改”优秀作品一等奖，相关主题的演讲获得了深圳市新闻战线“好记者讲好故事”演讲比赛一等奖，等等。

【关键词】脚力 百色 后龙村 会车 扶贫报道

脚力，使我的百色扶贫报道收获颇丰。

我是深圳晚报全媒中心的主任楚宏，一个 60 后的老新闻工作者，54 岁了。按理说，这是该知天命的年龄，我的岗位也不在采访一线。但是同事们说我不知天命，只知拼命，死死地“赖”在采访一线拽都拽不开，都叫我“年轻的老记”。

我喜欢这个绰号，喜欢年轻人来去如风的潇洒，也一直以为自己真的年轻着。

作者楚宏系深圳晚报全媒中心主任

2017年端午节前，我豪气地跟老婆说："说走就走，带你去旅游。"我们两个果断连夜出发，一路向西，驱车穿越广东，进入广西。

然而，我的车绕过风情万种的南宁，避开风景如画的桂林。"对不起啊老婆，旅游目的地不是景区，而是百色市凌云县后龙村！"这是一个号称全国第二穷的贫困村，贫困率高达73%。我们两口子把小长假的休闲游，变成了关爱困难群体的扶贫游。

进村就是一场历险。因为路在九天上，村在云端里。

村里所见，令人落泪。我不知道那木板和树皮拼搭的房子怎么挡风雨；我不知道连饮用水都难以保证的石漠化地区，怎么度日。在一个农户家里，看到两个小妹妹正在吃饭，姐姐把桌上仅有的一碗青菜推到妹妹前面让她吃，我心痛了。回深圳的路上，我在个人朋友圈发起了募捐，凑了一万元送到了百色教育基金会。

2017年7月初，大雨滂沱之中，我第二次到百色，这次是专程采访应届毕业的贫困生，为他们发起一场募捐。沿途经过广西第一险的山脊路，一面是峭壁，一面是陡崖，走一辆车都十分危险，这时最不希望看到的情景出现了：会车！对方还是一辆巨大的工程车。简直是和死神捉迷藏，我的车不得不一次一次往松垮的崖边靠，这种心惊胆战，大家感觉得到吗？我当时拍下了一张照，是想万一车在一刹那间掉下悬崖，也好做个见证，让我老婆知道我在做什么。

对面的车一动不动，直到我的右后车轮贴到悬崖边，感觉都踩空了，它才启动。可以会车了，我该松口气吗？不，更紧张了，两辆车贴得太近，间不容发！哪怕挂到一点点，我的车就会失去重心翻落悬崖。

还好，我闯过了鬼门关，也为《深圳晚报》带回了一组震撼的报道，一共4个内页版加一个头版，头版上4个大字：圳在行动。很多市民流着眼泪读完报道，有的老人拄着拐杖送来捐款。最后，市委统战部发动一批深圳的爱心企业参加了行动，百色当年3000个考上大学的贫困生全部获得来自深圳的捐助，圆了大学梦。

2017年7月底，我第三次来到后龙村，这次，我提出来要去看一看最偏僻最边远的屯，当地人笑了："那里没有路。"我说："你们怎么进出，我就怎么进出。"

车停在山边，往山里步行了一个半小时，这才渐渐体会到什

人完全贴着悬崖攀岩，手摸索着石缝往前探路，崖壁上和石缝里长着青苔、渗着水……这是2017年7月底，深圳晚报记者楚宏（右二）到广西百色市凌云县后龙村最偏僻最边远的屯采访途中的一个场景。

么叫没有路。陡峭的路、碎石的路、塌方的路，那都叫路啊。可是到后来，人完全贴着悬崖攀岩，手摸索着石缝往前探路，崖壁上和石缝里长着青苔、渗着水，树木搭的梯子已经朽烂。人吊在悬崖上，必须不停地放松活动关节，告诉自己不许抽筋，抽了筋谁都帮不到你。

在崖壁上有一段时间特别绝望，因为岩石越来越湿滑，而我的小腿开始隐隐作疼，怕是要抽筋，这时偏偏天上下起了雨，一会儿就把我淋得浑身湿透，失灵了的相机挂在脖子上，像一块大石头那么沉，随着人的攀跃晃来晃去，似乎扯得人的重心都不稳了。这时候，我的手机响了，一看，正是老婆打来的；一接，却听不到声音，山里信号差。这时我的脸上流淌的，真不知是雨水、汗水还是泪水。那一瞬间，我心里想的是，这辈子还能不能走出大山，和老婆通上电话。

这是又一次人生历险，我带回了一篇更有影响力的报道《冒雨攀岩涉险进村，只为摸准贫困的根》。

深圳新闻战线第四届“好记者讲好故事”演讲比赛决赛精彩纷呈

深晚记者楚宏荣获一等奖

深圳晚报讯（记者 刘小涛） 7月18日下午，深圳新闻战线“第四届好记者讲好故事”演讲比赛决赛在深圳雅枫酒店举行。经过前期复赛的竞争，来自深圳报业集团、广电集团、证券时报、深圳侨报等深圳10多家媒体的20位优胜选手参加了决赛。经过一番激烈角逐，深圳晚报选手楚宏凭借优异的表现，成功夺得演讲比赛一等奖。

作为一位60后的老记者，楚宏“不知天命，只知拼命”，从业几十年来，一直坚守在新闻一线，始终对工作满怀热情，被同事称作“最年轻的老记”。

决赛中，楚宏声情并茂地讲述了自己在参与百色扶贫的过程中经历过的种种险境：在一面是峭壁、一面是陡崖的山道上会车，“和死神捉迷藏”；脚踩在已经腐朽的木梯上，整个人吊在悬崖边，不断提醒自己“不许抽筋，抽了筋谁都帮不到你”。

一次次的历险，让楚宏目睹了什么叫真正的贫困。他不仅用自己的笔，从百色带回一组组震撼人心的新闻报道，同时积极介入扶贫工作，为贫困地区百姓带去实实在在的帮助。

除了这位60后选手，决赛中还有刚参加新闻工作一年的新兵，有在危险环境中卧底采访的“侦探记者”，也有顽强战胜病魔重返工作岗位的“钢铁女侠”。他们饱含真情的讲述、感人肺腑的故事、对新闻理想的坚守与追求，让人们更加了解了新闻工作者崇高的职业精神，展示出新闻工作者对事业的坚守和奉献，展示出深圳新闻人的社会责任和爱岗敬业、无私奉献精神风貌。

为进一步推动深圳新闻战线深化马克思主义新闻观教育，弘扬新闻工作者的优良传统，不断加强新闻队伍建设，深圳新闻战线连续4年开展“好记者讲好故事”评选活动。本届活动由深圳市委宣传部主办，深圳市新闻工作者协会承办。本次活动邀请了市委宣传部、深圳报业集团、深圳广电集团、深圳大学传播学院、深圳职业技术学院、深圳市作家协会、深圳朗诵艺术家协会以及在广东省“好记者讲好故事”活动中获得优胜奖的深圳新闻界的选手等人员担任评委，评选活动更具有代表性。

评委们经过认真评选，深圳晚报楚宏、深圳广电集团都市频道李星毅、深圳青少年报陈琳获得一等奖，另有5名选手获得二等奖，6名选手获得三等奖，其他选手获得鼓励奖。

▲深圳晚报记者楚宏声情并茂地讲述自己参与百色扶贫的种种惊险与收获。

2018年7月19日，《深圳晚报》报道了记者楚宏获得深圳市新闻战线“好记者讲好故事”演讲比赛一等奖的消息。

这篇报道还在排版，深圳市委领导就从当天推送的扶贫指挥部官方公号上读到了，打来电话通知我们加印100份，第二天送市里。因为说来也巧，第二天，广东省委副书记、深圳市委书记王伟中正好带队飞赴广西考察扶贫工作。

一直关注我扶贫报道的万科监事会主席解冻先生，前不久给我打来电话告诉我，万科决定捐一个亿，腾讯也决定捐一个亿，全部用于百色扶贫。

我的百色扶贫报道，给我带来了不少荣誉，比如说全国赵超构新闻奖一等奖、广东省新闻战线“走转改”优秀作品一等奖，相关主题的演讲获得了深圳市新闻战线“好记者讲好故事”演讲比赛一等奖，等等。

脚力，使我的百色扶贫报道收获颇丰。

30年了，我喜欢做记者、坚持做记者，不知天命，只知拼命，拼的就是通过自己的努力，给社会多一缕阳光、多一丝温暖，也从自己身上找到一点年轻人的热情和活力。诚如是，我就满足了。

（本文编辑 刘良龙）

做大做强主流舆论需要练就好眼力

□ 朱建华

好眼力应贯穿于新闻采编的全过程，这就要求每个环节都要“看得见”“看得准”“看得深”。“看得见”是指善于观察、善于发现；“看得深”是指要以小见大，看到新闻背后所包含的深层次的意义和价值；“看得准”是指要从国家战略高度找准方向、做好报道。

【关键词】眼力 新闻发现 传播效果 新闻舆论

记者是一个很残酷的职业，需要你不断写出优秀的作品。为什么有的人年纪轻轻就能崭露头角，而有的人做了几十年记者仍旧默默无闻？世界上并不缺少美，而是缺少发现美的眼睛，新闻同样是这样。脚力、眼力、脑力、笔力，是对新闻从业者的基本要求。增强“四力”，基础在于练好脚力，关键在于练就好眼力。移动互联网时代，舆论生态、媒体格局、传播方式发生深刻变化，推动媒体融合向纵深发展，做大做强主流舆论，做好融合传播，让正能量更强劲、主旋律更高昂，要求新闻工作者要能练就好眼力。

一、好新闻要有好发现，好发现要有好眼力

2016 年 2 月 19 日，习近平总书记在党的新闻舆论工作座谈会上强调，尊重新闻传播规律，创新手段方法，切实提高党的新闻

作者朱建华系长江日报报业集团光谷编辑部主编

舆论传播力、引导力、影响力、公信力。

媒体，本质上而言是一个专业的传播机构。如果媒体刊发或播出的内容，没有被广泛传播，不能形成传播力，那么引导力、影响力、公信力恐怕也就无从谈起了，而做好传播、切实提高传播力，首先要有好的新闻发现才行，而好的新闻发现需要有好眼力。

（一）新闻传播经典案例不乏新闻发现名篇

新闻传播经典案例，不少都是新闻发现名篇，新华社播发的《中共北京市委宣布“天安门事件”完全是革命行动》，可谓是这方面的佳作之一。

1976 年 4 月 5 日，发生了以天安门事件为中心的反对“四人帮”的全国性群众抗议运动，亦称“天安门事件”。党中央认为，“天安门事件”完全是革命的群众运动，应该为“天安门事件”公开彻底平反，对因悼念周总理、反对“四人帮”而受迫害的同志一律平反，恢复名誉。1978 年 11 月 14 日，中央政治局批准北京市委为“天安门事件”平反时，并没有通过登报、广播等形式公布这一决定，而只是在 11 月 15 日《北京日报》关于北京市委常委扩大会议的报道中，通过肯定天安门事件“完全是革命的行动”这一段话间接地透露出这一信息。《北京日报》的这一段话又插在长达三四千字的报道中，并没有写明“经中共中央批准”，以至当时参加中央工作会议的高级干部也仅知道“北京市委为天安门事件平反”，而不知道是党中央作出的决定。

参加中央工作会议的新华社社长曾涛、人民日报总编辑胡绩伟、光明日报总编辑杨西光注意到这一报道，从中抽出这段话并加上标题《中共北京市委宣布：“天安门事件”完全是革命行动》，由新华社于 1978 年 11 月 15 日发出电讯稿。11 月 16 日，《人民日报》和《光明日报》在头版重要位置刊出新华社电讯稿，才在全国扩大了天安门事件得到平反的社会影响[①]。这一新闻发现，堪称重大政治传播中的经典，影响重大，意义深远，今天读来仍让人敬佩不已，这也说明，新闻工作者具备好眼力很重要。

（二）新闻发现是记者成为名记者的关键

梁衡是我国著名的新闻大家，历任内蒙古日报、光明日报记者、国家新闻出版署副署长、人民日报副总编辑。2018 年 12 月 22 日，第六届范敬宜新闻教育奖颁奖仪式在人民日报社举行，梁衡获范敬宜新闻教育奖新闻教育良友奖。范敬宜新闻教育奖是新闻传播领域除中国新闻奖、长江韬奋奖外的另一个重量级的全国性大奖。范敬宜新闻教育奖共有三个类别，新闻教育良友奖旨在奖励热心新闻传播教育的新闻业界人士。

2018 年，梁衡的新闻四部曲《记者札记：没有新闻的角落》《评委笔记：新闻绿叶的脉络》《署长笔记：新闻原理的思考》《总编手记：版面背后的故事》出版。他在序言中说："我大学学的专业并不是新闻。一个外行，一步步走入新闻殿堂。我总觉得自己是个外来户，一方面心存怯懦，如履薄冰，小心观察，谨慎体悟，孜孜以求。另一方面，没有旧框子、旧规矩，常有奇想，时有新论。"

新闻四部曲最能体现记者眼力和新闻发现的是《记者札记：没有新闻的角落》。这部书原名为《没有新闻的角落》，是梁衡 1978 年到 1987 年在光明日报驻基层记者站期间新闻作品的自我剖析。这期间，他曾获"全国好新闻奖""青年文学奖""全国优秀科普作品奖"。《没有新闻的角落》的书名本意是说，一个记者在不太出新闻的地方，如何抓到新闻，有所作为。这本书 1990 年由山西西海出版社出版，后又经新华出版社、人民出版社再版，重印 14 次，影响过一代新闻人。

新闻发现是记者成为名记者的关键。《记者札记：没有新闻的角落》收录的一个案例很能说明问题。梁衡 1980 年采写的《解进保自荐林科所负责人取得显著成绩》获首届"全国林业好新闻奖"，并被列为 140 篇获奖作品第一篇。这篇稿件，梁衡采写于山西省召开的一次科技成果颁奖会现场。那天，1000 多人的会场里鼓乐齐鸣，正在隆重颁奖，形式毫无新鲜之处。"我坐在最后一排空座上翻大会发言的文件，突然一份典型材料吸引了我。我摸出一张缺了角的稿纸，草成这份千把字的新闻稿，又找解进保核对了一下，不等散会便奔向邮局……"②现场参会的记者不止一个，受表彰的个人也很多，为何只有梁衡抓到了获奖的好新闻？不能不说，这源于他独到的新闻发现，而独到的新闻发现背后是好眼力。

二、好眼力应贯穿于新闻采编工作全过程

新闻采编工作是一项集体协作的工作，从线索的发现，到采写、编辑再到传播，中间有很多环节，一环套着一环，每一个环节都应该是新闻价值的发现者和提升者，只有这样才能实现传播效果最大化。好眼力应贯穿于新闻采编的全过程，这就要求每个环节都要"看得

见”“看得准”“看得深”。“看得见”是指善于观察、善于发现；“看得深”是指要以小见大，看到新闻背后所包含的深层次的意义和价值；“看得准”是指要从国家战略高度找准方向、做好报道。[③]

（一）好眼力体现在能发现好线索或好选题

俗话说，巧妇难为无米之炊。线索或选题是做新闻的基础，好线索或好选题无疑有助于成就好新闻。2018 年 10 月 1 日，《长江日报》刊发的《大学老师惩戒学生仅索赔 1 元钱》社会反响强烈，通过百度检索，相关网页多达 44 多万条。人民日报客户端等多家主流媒体也进行了转载，受众都被教师此举感动，纷纷点赞。一些媒体及自媒体还为此刊发了《索赔 1 元的惩罚极具教育意义》《“被追尾只索赔 1 元”的“醉翁之意”》等评论。这篇报道还获第二十七届全国副省级城市党报短新闻大赛二等奖。不可否认，为这篇稿件做出贡献的人很多，如记者、编辑等，但编辑部信源组的贡献很重要。要知道，最初的线索既非来自记者也非来自学校，而是编辑部信源组发现并提供的。好眼力应贯穿于新闻采编工作的全过程，毫无疑问应该包括发现好的新闻线索。报社对信源组提供的线索被采用予以奖励，获评当日好稿、长江日报年度新闻奖等。额外给予一定奖励的机制，对于发现并提供好线索起到了积极的推动作用。

（二）新闻发现能力是记者的核心竞争能力

2018 年是我国改革开放 40 周年。如何做好庆祝改革开放 40 周年的报道？ 2018 年 11 月 26 日，《长江日报》推出了“回望为了奋进”特别策划，通过重登当年报道、采访老记者的方式，用 9 篇故事展示了改革开放的奋进足迹。《买排骨何其难》是其中一篇，这篇报道是“城市市场开放前夜的历史活页”。而这也是后来担任过长江日报社长、总编辑的潘堂林的名篇之一。那时，他刚大学毕业不久，作为吃食堂的“单身汉”，发现了一个很多人见怪不怪的事，但他抓住问题不放，深入采访，最终让武汉人在那年春节都吃上了排骨。这篇报道后获湖北省好新闻一等奖。

1996 年，由潘堂林撰写的全国首部新闻发现专著《怎样发现新闻》由湖北人民出版社出版。他在这部著作中提出的一些观点今天读来仍让人受益：

——没有发现就没有新闻。

——擅长发现才能当名记者。

——不善发现的编辑不是好编辑。

——新闻发现是客观事实转化为新闻报道的关键。

——发现一则新闻比写作这一新闻更重要。

——记者第一技能不是写作而是发现。

新闻发现不仅体现在新闻采访环节，也大量体现在新闻选题研究、稿件修改、版面编排过程中。

在长江日报社举行的“回望为了奋进，增强‘四力’本领”专题培训会上，面对年轻记者，潘堂林分享了当年“买排骨难”报道背后的故事。他说，“四力”的核心是眼力和脑力，是敏感体察社会大众所感、所需、所察，集中体现在新闻发现力，这是记者的核心竞争力。

习近平总书记指出，媒体竞争关键是人才竞争，媒体优势核心是人才优势。媒体要提高传播力，培养和提高记者的新闻发现能力十分重要。

（三）胸怀全局方能发现事件背后的新闻价值

2019年是《长江日报》创刊70周年。多年来，作为一家副省级城市党报，长江日报社获得全国好新闻奖和中国新闻奖的数量位居全国城市党报前列。中国新闻奖始于1990年，是中国记协主办的全国综合性年度优秀新闻作品最高奖，也是经中宣部批准常设的全国性新闻奖，20多年来，长江日报社累计有几十件作品获中国新闻奖，特别是荣获第二十三届中国新闻奖消息类一等奖的作品《中共中央党史研究室主任披露：七常委参观〈复兴之路〉出行不封路》，堪称媒体新时代重大时政报道新闻发现的经典案例。

2012年11月8日至14日，党的十八大在北京召开。之后，全国媒体迅速展开了学习宣传贯彻落实十八大精神的报道。12月3日，武汉市举办为期3天的“全市学习贯彻十八大精神专题研讨班”活动。第二天下午，研讨班临时安排了一项内容，请十八大报告起草组成员、中央宣讲团成员、中共中央党史研究室主任欧阳淞作辅导报告。就在前一天，欧阳淞调研了武汉市的百步亭社区，与基层干部群众交流学习十八大精神的体会和感受；当天上午，欧阳淞在省里作十八大精神辅导报告。也就是说，4日下午的报告，是欧阳淞在武汉期间的第三次宣讲活动、第二场辅导报告。

然而几乎没人想到的是，就在这场已讲过几遍、看似新闻价值已被“榨干”的报告会上，隐藏着一条重要新闻线索。在众多媒体和记者都比较松懈的时候，作为会议代表听会的《长江日报》总编辑陈光却保持了一贯的专注和新闻敏感。欧阳淞讲到，2012 年 11 月 29 日习近平等七常委参观《复兴之路》展览时，比预计的时间来晚了一些，原因是沿途没封路，和社会车辆一起走的。这个颇有意味的情节触动了陈光，他意识到其中可能蕴藏着重要的政治信息和极大的新闻价值，开始思考如何将之转化为新闻④。

可以说，在《长江日报》报道之前，中央媒体、省里媒体是最有机会捕获七常委率先垂范“八项规定”中“不封路”的事实，但用新闻报道的形式迅速、鲜明地传递出新一届中央领导集体的政治新气象的唯独只有《长江日报》，而这也是最令人敬佩的地方。中国人民大学新闻学院研究员刘保全撰文评价，这是“从辅导报告中听出的一篇新闻精品”，而殊荣背后，“新闻嗅觉灵敏，发现能力非凡”是最值得学习和借鉴的地方。

党报作为党的新闻舆论的主阵地，扩大主流价值影响力版图、掌握舆论场主动权和主导权，使全体人民在理想信念、价值理念、道德观念上紧紧团结在一起，让正能量更强劲、主旋律更高昂，需要切实提高主流媒体的传播力、引导力，锤炼新闻工作者的“四力”，尤其是眼力和脑力。类似“七常委出行不封路”这样的重大时政报道，新闻工作者只有胸怀全局方能发现事件背后的新闻价值。

如何理解胸怀全局？就是既要“顶天”，也要“立地”。有了时代的问题感，是为“顶天”；敏锐捕捉现实，是为“立地”。既“顶天”，又“立地”，才能站高望远，见微知著，真正引领舆论。

三、移动互联网时代做好传播更需要好眼力

习近平总书记指出，人在哪里，新闻舆论阵地就应该在哪里。

对新媒体，我们不能停留在管控上，必须参与进去、深入进去、运用起来。互联网是信息传播的第一阵地。我国网民规模已达 8.29 亿，其中，手机网民规模 8.17 亿，2018 年全年新增手机网民 6433 万，使用比例为 98.6%，手机不离手真是一点也不夸张。媒体在移动互联网时代提高传播力、引导力，坚持移动优先，更有赖于媒体人练就好眼力。

（一）找准网络传播的情感共鸣点需要好眼力

传播具体的事远胜于笼统的概括，这是移动互联网时代传播的特点之一。无论什么时候，最打动人心的内容，往往也是最容

易获得传播的内容。2018 年 5 月 15 日，长江日报微信公众号推送的《新提拔的副局级给女儿写了一封信，三句话道尽人生所感》一文，是党报移动互联网主题宣传中的一个传播亮点，人民日报微信公众号等多家主流媒体平台转发。5 月 15 日，《长江日报》刊发了题为《家风故事存入“廉洁存折”随时“支取”学习，“家风银行”让廉洁之风在家庭生根》报道。这是一篇党风廉政宣教月的宣传稿，新媒体编辑从中发现了家书这一典型事例，并以此为切入点进行了编发，取得了良好的传播效果。可以说，这是新媒体编辑的一次新闻发现，而新闻发现背后体现的是好眼力。

（二）及时澄清网上谬误、明辨是非需要好眼力

“高举旗帜、引领导向，围绕中心、服务大局，团结人民、鼓舞士气，成风化人、凝心聚力，澄清谬误、明辨是非，联接中外、沟通世界”是新时代党的新闻舆论肩负的职责与使命。网络谣言具有突发性、迷惑性强的特征，还原事实真相，引导社会舆论，主流媒体责无旁贷。

武钢是国家“一五”期间建设的重点工程项目之一，相当长一段时期内，武钢身居武汉纳税第一强，有句形象的比喻说“武钢一咳嗽，武汉就感冒”。在企业重组、去产能及减员等多重背景下，出现“武钢发生暴力游行事件”的谣言，通过个人朋友圈发布后，迅速发酵，最后还成了一个舆论事件。面对网上谬误，及时通过新媒体平台发出权威信息，这是对媒体人眼力的要求。针对网传信息，长江日报记者通过采访派出所民警，第一时间还原事件谣言经过，澄清了事件真相。2016 年 10 月 23 日中午，长江日报微信公众号以《武钢发生暴力游行事件？真相在此！》为题，对网传的武钢发生暴力游行事件进行了有力回应。《长江日报》是国家网信办公布的互联网稿源“白名单”之一，稿件推送后，点击阅读迅速达到“10 万 +”，并被央广、网易、澎湃等多家网站转载，仅网易上网友的留言就超过 7 万条。面对公众的知情权，主流媒体的权威信息在互联网上得到了广泛传播，媒体的传播力、引导力得以彰显。

（三）融合互动中做好舆论引导需要好眼力

相对于传统报业时代的信息传播，一个鲜明的变化是，移动互联网时代，手机用户可及时、便利地通过留言评论等方式表达自己的观点和看法。移动互联网时代，主流媒体要通过评论回应关切、引领舆论，不能自说自话，否则，可能会引发更大的舆情。2018年12月初，浙江英语高考成绩加权赋分引发舆情，浙江省政府成立调查组开展调查。针对这件事，浙江日报报业集团通过旗下浙江新闻客户端发表了《多一分不要，少一分不肯》的短评。这篇仅500余字的评论，充分展示了网友们的呼吁，“不是我的分数，多一分不要；是我的，少一分不肯”；要维护高考的公平公正，“每一个寒窗苦读的学子都应该被公平对待”。文章受到多家客户端和众多网络媒体的转发，在朋友圈引发刷屏现象，有力地呼应了家长们的心声，起到良好的舆论引导作用。鲜为人知的是，为写好这篇短评，编辑集纳、分析了上千条网友评论，梳理出网友的主要观点和核心诉求[⑤]。这说明，在融合互动中引领舆论，同样需要好眼力。

总之，推动媒体融合发展、建设全媒体成为一项紧迫课题。要打造一批具有强大影响力、竞争力的新型主流媒体，牢牢占据舆论引导、思想引领、文化传承、服务人民的传播制高点，需要全体新闻工作者不断锤炼脚力、眼力、脑力、笔力，切实提高主流媒体在移动互联网时代的传播力、引导力、影响力、公信力。有经验的新闻工作者，往往能从大量的事实信息中迅速发现那些具有新闻价值的事实信息，他们靠的是“新闻敏感”和“新闻发现力”[⑥]，换句话说也就是眼力。新闻工作者要练就好眼力，需要在长期贴近实际、贴近生活、贴近群众的过程中，靠自己仔细观察、认真思考、反复比较，经过日积月累才能获得。传

（本文编辑 刘良龙）

注释：

①于光远.我亲历的那次历史大转折——十一届三中全会的台前幕后[M].北京：中央编译局出版社，2008:68-69.

②梁衡.记者札记：没有新闻的角落[M].北京：中国人民大学出版社，2018：4-5页.

③北京市习近平新时代中国特色社会主义思想研究中心.增强“四力”培养卓越新闻传播人才[N].光明日报，2019-2-19:7.

④郑萌.胸怀全局才能发现价值——从获奖作品看《长江日报》何以四届八摘中国新闻奖[J].中国记者，2013（12）:39-41.

⑤童颖骏.做好信息、思想和情感的“牵引器”——融媒时代，我们如何当编辑[J].传媒评论，2019(1):29-32.

⑥本书编写组.马克思主义新闻观十三讲[M].北京：高等教育出版社，2019:42.

主流媒体脑力坐标和功能

□ 耿伟　赵明

“四力”，根基在脚力，捕捉看眼力，底气测笔力，中枢归脑力。新闻脑力，是对媒体记者编辑新闻中枢能量的形象描述和概括。主流媒体转型中如何爆发脑力能量，应遵循哪些坐标？一是明道，使命坐标不动摇，以政治意识树起理念大旗；二是顺势，战略坐标有梯度，以大局意识部署全景规划；三是择术，创新坐标抢先机，以竞争意识迸发媒体能量。主流媒体如何依据新闻脑力坐标发挥功效？关键点：激活媒介融合功效、升级策划机制功效、推出新闻力作功效、牵引受众视线功效。

【关键词】四力 脑力 主流媒体 媒体融合

在中国主流媒体融合转型的关键时刻，习近平总书记对新闻工作者提出了增强“四力”的重要指示，这是对宣传思想战线的殷切期望，既是工作指向，也是能力标准。同时，也为打造一支政治过硬、本领高强、求实创新、能打胜仗的新闻队伍指明了方向。

“四力”是一个环环相扣的链条：根基在脚力，捕捉看眼力，

作者耿伟系深圳特区报新闻阅评员、主任记者；赵明系深圳特区报中国新闻部主持工作的副主任、主任编辑

底气测笔力，中枢归脑力。

新闻脑力，是对媒体记者编辑新闻中枢能量的形象描述和概括。脚力、眼力、笔力都要在脑力的调度指挥下爆发能量。那么，新闻脑力的内涵、外延和地位如何界定？尤其是在主流媒体转型中，新闻脑力应依靠何种坐标发挥功能？这是我们认真贯彻落实习近平总书记重要指示时，应深度思考的一个理论和实战课题。

一、主流媒体转型的脑力三大坐标

纵观中国主流媒体融合转型的现状，不仅路线图明朗，而且人民日报、上海报业等相继提供了成功范例，并开始向纵深运作方式探索。

在这种背景下，主流媒体转型中如何爆发脑力能量，应遵循哪些坐标？

（一）明道，使命坐标不动摇

即以政治意识树起理念大旗。一是按照习近平总书记的重要指示，坚持党性，核心就是坚持正确政治方向，站稳政治立场，坚定宣传党的理论和路线方针政策，坚定宣传中央重大工作部署，坚定宣传中央关于形势的重大分析判断，坚决同党中央保持高度一致，坚决维护中央权威；二是增强政治家办报意识，在围绕中心、服务大局中找准坐标定位，牢记社会责任，不断解决好“为了谁、依靠谁、我是谁”这个根本问题。

（二）顺势，战略坐标有梯度

即以大局意识部署全景规划。一是主流媒体要因势而谋、应势而动、顺势而为，加快推动媒体融合发展，使主流媒体具有强大传播力、引导力、影响力、公信力；二是要抓紧做好顶层设计，打造新型传播平台，建成新型主流媒体，扩大主流价值影响力版图；三是坚持移动优先策略，主流媒体要把采编主力转移到新媒体，借助移动传播占据舆论引导的制高点；四是建立新媒体核心模式，在更广阔领域寻求社会和经济双效益的运行路径。

（三）择术，创新坐标抢先机

即以竞争意识迸发媒体能量。如，今日头条、腾讯、一点资讯等黏性剧增，如何让受众首选主流媒体的网站、APP？这是转型第一难点。若要改变，一是主流媒体要大胆运用新技术，敢于投资“中央厨房”，打通报、网、端、微、屏平台，让传播视线最大化；二是要适应新媒体资讯规律和特点，领悟轻内容、浅社交、富媒介，场景升级、沉浸体验、数据跨界等互联网概念，搭建主题平台，吸引受众进场；三是主流媒体编辑记者向全媒体转型，能在传统媒介和新媒体之间变换角色，实战中以最佳体裁记录和传播新闻。

二、主流媒体转型的脑力四大功能

新时代新闻传播的大背景，是网络新媒体带来舆论生态的深刻变化。主流媒体纷纷以网站、APP 等新型载体，形成新媒体和报纸等全媒体框架。那么，在这种势态下，主流媒体如何依据新闻脑力坐标发挥功效？

（一）激活媒介融合功效

如今，新媒体建设需要巨资，记者编辑转型需要培训，不能等！因此打破媒体融合瓶颈，一是各级党委和政府要从政策、资金、人才方面加大媒体融合发展的支持力度，选拔和培训一批懂得新媒体、驾驭融媒体的新型指挥人才；二是主流媒体要统筹处理好传统媒介和新兴媒介、主流媒体和商业平台的关系，形成资源集约、差异发展、协同高效的全媒体传播体系；三是新媒体积极引入智能抓取、人工监审等成熟技术和流程，改变人工搜寻、拷贝粘贴的人海战术。

（二）升级策划机制功效

首先，主流媒体框架下的报纸、网络等以灵活的报道策划机制，新媒体突出快捷、鲜活和全覆盖，报纸突出精准、深度和权威性，优势互补，不拼短板。其次，新媒体注重突发性策划报道，报纸注重预知性策划报道，以网络优先、报纸解读的梯度流程，推动报道内容深化。譬如人民日报启动历史上第 15 次改版，注重新闻版面“周刊化”、重大报道“解读化”、内容呈现“可视化”，主动与人民网对接。

（三）推出新闻精品功效

习近平总书记指出，新闻舆论工作者是党的政策主张的传播者、时代风云的记录者、社会进步的推动者、公平正义的守望者。因此，记者编辑要讲好中国好故事。

首先要有思想、有深度，追踪社会难点热点冰点，反映百姓疾苦，才能创作出有轰动效应、有新闻黏性的力作。譬如深圳特区报新媒体平台2019年2月12日率先推出报道《深圳无人花店春节收到33笔转账》，引起网友极大关注。该报“两微一端”不间断滚动推送，新华社、人民日报、中央电视台等主流央媒转载，引发网友为深圳人素质喝彩，激发社会正能量。这一力作，其实记者是有深度思考的，也得到报社领导的支持，才做强做大，迅速达到8000万阅读量。

其次，新媒体语境下，APP、微信占据移动终端传播前沿，短视频、视频海报、H5等体裁成为主角，记者编辑眼下重点要突破短视频拍摄、脚本、剪裁等报道难点，积极进入视频时代。譬如读特APP在全国两会及时推出《H5长卷丨深圳，向总书记汇报》，是亮眼的新媒体原创。伴着岁月旋律，映入人们眼帘一个画轴；徐徐拉开，分为5卷，每卷首先浮现习近平总书记对深圳殷切希望和批示，凝练回答深圳一年里如何答卷，做出哪些优异成绩；每卷分别突出“改、创、扶、治、料”等5个篆体书法字，图片变身为铅笔画，洋溢创意灵感和艺术气息，给人视觉快感。

再次，报纸稿件也要借鉴新媒体的标题、导语、场景、亮点的新写法，引进故事笔法、调侃评论、情报新闻、动画记述等新理念。

（四）牵引受众视线功效

网站、APP、报纸等媒介如何扩展粉丝受众？一是按照习近平总书记的重要指示，主流媒体以读者需求为追求的尺度与努力目标，真正体现以人民为中心的办报理念。否则，你不知道受众为什么要看新闻，怎么能留住受众？二是主流媒体要涅槃、脱壳，针对浅阅读时代受众希望深阅读的需求，提供独到的见解、专业的分析、独家的调查；三是强调首发优势，不仅新媒体要抢发独家新闻，主流媒体特别是报纸也要考虑为受众提供特效阅读体验，比如二维码、VR、AR的运用，让受众如同身处报道现场，牵引最多的关注人群和视线。

一句话，今日所谓主流媒体必须是未来强大的融合媒体！传

（本文编辑 刘良龙）

提升笔力的几种路径

□ 方胜

笔力是脚力、眼力、脑力成果的转化，是“四力”传播过程中的最后一环。笔力高低，直接关乎宣传思想工作者是否能够最终创作出好作品，关乎宣传思想工作能否真正完成重要使命。提升笔力有四种途径：一是注重综合素质的提升，多阅读多尝试多总结；二是坚持“走转改”的基本要求，用群众的话，写群众的事；三是掌握不同类型新闻的写作方法，特别是要适应新的传播形式；四是新闻媒体要从机制体制上入手，培养编辑记者的笔力，提倡生产新闻精品。

【关键词】笔力　途径　综合素质　走转改　新闻精品

笔力是中国书法的基本概念之一。“入木三分”“力透纸背”“笔扫千军”“下笔风雷”，都表现了笔力的作用。这种力，既是物理学上驱使笔锋运动的力量，也是精神层面体现书者水平的艺术感染力。或笔走龙蛇，或鸾飘凤泊，或刚柔并济，或圆转回环，中国书法的种种精妙就在对笔力的运用当中。

2018年8月，习近平总书记在全国宣传思想工作会议上强调，要不断增强脚力、眼力、脑力、笔力，努力打造一支政治过硬、

作者方胜系深圳特区报民生面对面工作室主任、主任记者、博士

本领高强、求实创新、能打胜仗的宣传思想工作队伍。这里的笔力，就是宣传思想战线创作出人民群众喜闻乐见好作品的表现能力。

脚力、眼力、脑力、笔力是紧密联系的统一整体。其中，笔力是脚力、眼力、脑力成果的转化，是“四力”传播过程中的最后一环。如同中国书法最终呈现是通过笔锋在宣纸上运动一样，笔力高低，直接关乎宣传思想工作者是否能够最终创作出好作品，关乎宣传思想工作能否真正完成重要使命。从这个意义上说，笔力的提升对整个宣传思想工作而言都是非常重要的。

一、笔力提升面临挑战

对于平面、网络等媒体工作者而言，笔力中最重要的就是写作能力。遗憾的是，在今天传播时间按“秒”计算的快餐文化时代，写作质量受到严峻的挑战。静下心来写就的、有深刻感染力的作品似乎比以前更难见到了。这固然有信息泛滥带给我们的错觉，但可以肯定的是，笔力不佳的作品的确大大增加了，社交媒体中东拼西凑、耸人听闻、词不达意、聱牙诘屈的文章比比皆是，而在传统媒体中，笔力欠佳的作品也屡见不鲜。到底是哪些因素制约着写作品质的提升？

（一）新闻竞争带来的时间压力问题

回望20年前报纸只有几个版的时代，时效性要求不高，每位记者可能一周也写不了几篇稿件，彼时的新闻稿件必然有机会仔细锤炼和打磨，甚至一篇文章的标题都会拟上几个再挑选。而如今，同题新闻同城媒体的竞争激烈，网媒、客户端、两微发稿必然争分夺秒，甚至即使这样还可能落后于媒体直播……为了拼抢速度，牺牲质量几乎是不得已的选择。

（二）多种原因导致的人员能力问题

现有一部分院校新闻教育中，为了打破“新闻无学”的论断，片面强调理论知识学习以及教材的完整性、教授的系统性和考试的标准化，从而忽视了学生动手能力的培养。新闻媒体对多专业、多背景人才的需求是提升专业报道水平的解决方案，但这可能带来部分人员写作能力不足的现实问题。不少传统媒体近年来人员流动性显著提升，加剧了包括写作能力在内的人员能力提升问题。

（三）新闻媒体的机制体制问题

一些新闻媒体忽略了培训的重要性或者系统性、针对性不强，岗前培训、定期培训、专题培训等设置不足，效果不明显。三审制落实较为松散，可能起到把关的作用但对质量提升的作用有限。缺乏“以老带新”等传承、培养机制，新人成长缺乏有效的指导。考核的数量化导向使得一部分记者不愿意投入精力努力提升写作质量。

二、多措并举提升笔力

（一）注重综合素质的提升，多阅读多尝试多总结

写作是一种综合能力，并非一朝一夕就可以快速提升的，要在一日复一日的磨练中才有收获。首先要多阅读。习近平总书记说：“人的追求是否高远、人品是否贤达、处事是否得体，应该说与是否‘曾读数行书’密切相关。”唐代诗人杜甫写道：“读书破万卷，下笔如有神。”清代诗人萧抡谓写道：“一日不读书，胸臆无佳想。”这些都说明了阅读对于提升综合素质特别是写作能力的重要作用。当代中国马克思主义理论著作、古今中外优秀传统文化书籍、优秀的新闻报道作品等，都应该是宣传思想工作者的阅读书目。其次要多练习多总结。“纸上得来终觉浅，绝知此事要躬行。”写作是一种实践的学问，仅仅了解写作原理、新闻理论是不够的，要靠多练习、多修改、多对比、多总结才能真正有所收获有所提高。

（二）坚持“走转改”的基本要求，用群众的话，写群众的事

党的事业要从群众中来，到群众中去，宣传思想工作莫不如是。《墨客挥犀》里记载：“白乐天每作诗，令老妪解之，问曰：解否？妪曰：解，则录之；不解，又改之。” 追求通俗浅近的语言，正是白居易的创作主张。现代大文豪鲁迅也一贯主张文章应该通俗易懂，要“从活人的嘴上，采取有生命的词汇，搬到纸上来”。全国新闻战线开展的“走基层、转作风、改文风”活动，要求广大新闻工作者在学习运用群众语言、提升吸引力感染力上下功夫见成效，倡导清新朴实、生动鲜活、言简意赅的文风，让人们爱读爱听爱看，实现最佳宣传效果。这是十分必要、十分务实的，因为这些“沾泥土”“带露珠”“冒热气”的语言才更有生命力。此外，人民日报将“给力”这一网络词语用于头条标题中并受到广泛肯定，说明来自网络、具有正能量的新词汇和表达方式也完全可以进入主流新闻传播的视野。

（三）掌握不同类型新闻的写作方法，特别是要适应新的传播形式

进入21世纪以来，微博、微信、客户端等新的媒体形式层出不穷。这些新的表现形式与传统的载体之间存在“变”与“不变”。“不变”的是内含的新闻信息，“变”的则是具体的呈现形式。比如，移动端的阅读场景是动态和碎片化的，手机的移动性、小屏幕、可获得性等，都决定了写作方法与为传统对开大报写作是有所联系但又不同的。狭义的笔力主要指写作能力，而广义的笔力包含通过各种途径、形式、载体最终获得的全部表现力。因此，以手机为载体的传播还需要考虑图片、字体、版式、动图、长图、视频、音频、互动等方面的新变化、新要求，以期在媒介融合时代获得更好的传播力。

（四）新闻媒体要从机制体制上入手，培养编辑记者的笔力，提倡生产新闻精品

快餐文化时代，写作质量和时效性看似有着不可调和的矛盾。但需要强调的是，三审制依然不可或缺，切不可为了单纯求“快”而导致质量下降甚至谬误频出。三审制也应是有质量的三审制，有经验的编辑应当帮助新人修改和打磨文章、版面。媒体机构若能够建立起“传帮带”的培养机制则更佳。另外，一篇采访扎实、主题深刻、文字优美的新闻作品，可能要比一篇在新闻通稿基础上简单修改的文章，花费十倍甚至百倍的时间。因此在考核方面，新闻媒体既要考核一线编辑、记者工作的“量”，也要重视工作的“质”，对那些优秀的新闻作品给予考核上的倾斜，鼓励编辑、记者字斟句酌、不落窠臼，持续打造新闻精品，为服务党和国家事业全局作出更大贡献。传

（本文编辑 刘良龙）

把握四个“重在”增强“四力”水平

□ 王宣海

“增强脚力，重在行稳致远”“增强眼力，重在明察秋毫”“增强脑力，重在学思践悟”“增强笔力，重在妙笔生花”……中国江西网作为江西省最具影响力的全国重点新闻网站，在党的十八大以来，不断守正创新，以提高政治站位为根本点，以提升业务素质为关键点，以改革创新创造为突破点，以强化内容建设为落脚点，把握住了四个“重在”，进行了增强“四力”的探索与实践，打造出了两条受党和国家领导人肯定的“江西经验”，为互联网小省江西赢得了一席之位。

【关键词】中国江西网　四力　探索　实践

在全国宣传思想工作会议上，习近平总书记明确要求广大宣传思想工作者“要不断掌握新知识、熟悉新领域、开拓新视野，增强本领能力，加强调查研究，不断增强脚力、眼力、脑力、笔力，努力打造一支政治过硬、本领高强、求实创新、能打胜仗的宣传思想工作队伍”。习近平总书记的重要讲话，既是对宣传思想战线提出的具体要求，也是给宣传思想战线指明道路，提供根本遵循。

作者王宣海系中国江西网副总编辑、高级记者，江西师范大学兼职硕士生导师新闻宣传工作者作为宣传思想战线的重要组成部分，在移动传播时代，在分众分享信息面前，要担负起新时代赋予的职责与使命，唯有不断增强脚力、眼力、脑力、笔力，充分发挥主流媒体舆论主阵地、引导主战场的作用，努力提高主流媒体新闻舆论的传播力、引导力、影响力、公信力。

中国江西网作为江西省最具影响力的全国重点新闻网站，在党的十八大以来，不断守正创新，以提高政治站位为根本点，以提升业务素质为关键点，以改革创新创造为突破点，以强化内容建设为落脚点，把握住了四个“重在”，进行了增强“四力”的探索与实践，打造出了两条备受党和国家领导人肯定的“江西经验”，为互联网小省的江西赢得了一席之位。

一、增强脚力，重在行稳致远

“纸上得来终觉浅，绝知此事要躬行。”作为新时代的新闻宣传工作者，在脚力的增强上，意味着要迈开双脚，甩开臂膀，走出办公室，到厂矿，入农村，去社区，深入基层、深入生活、深入群众，做到贴近实际、贴近生活、贴近群众，让采写的新闻作品沾满泥土的芬芳，充满生活的气息。

当年，著名记者范长江克服千辛万苦，走过千山万水，说尽千言万语，深入四川、甘肃、青海、陕西、宁夏、内蒙古等地采访，创作出了不朽之名篇《中国的西北角》和《塞上行》。无独有偶，新闻界的老前辈、新华社老社长穆青摆正位子，放下架子，俯下身子，沉住气、静下心，与同事们一起，冒着严寒，六下兰考、八下扶沟、四去宁陵、八进辉县，沿着焦裕禄同志走过的路，饱含真情地采访焦裕禄慰问过的农户，与广大农户同吃、同住、同劳动，寻找焦裕禄的足迹和精神。于是，中国新闻史就有了《县委书记的榜样——焦裕禄》这篇传世佳作。

龚全珍，中国江西网发掘推送的最大典型人物，被习近平总书记尊称为“老阿姨”。她是江西省莲花县金城社区的一位年逾90、有着60多年党龄的老党员，是开国将军甘祖昌同志的夫人。她一生坚守“信仰与本色”，一心为民；她放弃优越的大城市生活，毅然选择回乡务农。她艰苦朴素、无私奉献，几十年如一日，呕心沥血教书育人；离休后，她经常对青少年进行革命传统教育和党性教育；他人遇到困难，她尽心尽力帮助。为了弘扬龚全珍老人的信仰与本色，中国江西网派出多路融媒体记者，去江西省莲花县她的工作地，去山东烟台她的出生地，去陕西西北大学她的学习地，去新疆军区她和甘将军挥洒青春的热土，前后历时近一年时间，行程上万公里，于是有了《本色不改 信念永存——记共产党员、开国将军甘祖昌夫人龚全珍》为题的一万多字的长篇通讯和大型融媒体专题《信仰·本色——一心为民的共产党人龚全珍》。尽管长篇通讯有一万多字，但都是用一个个朴实无华和真挚感人的小故事贯穿始终。尽管专题内容特别多，但是标题制作画龙点睛，章节梳理到位，阅读效果非常好，让人感觉荡气回肠，意犹未尽。系列报道得到了中央领导同志的肯定，网站也从此开启了用赣鄱大地凡人善举的点滴感动来诠释和引领重大理论宣传（社会主义核心价值观）的秘钥，形成了发掘推送网络典型人物的“江西经验”。

“脚上沾有多少泥土，心中就沉淀多少真情。”从这系列实践可以看出，只要新闻宣传工作者发扬既不怕苦、又不怕累、更不怕难的优良作风，深入一线、深入基层、深入生活，察实情、说实话、动真情，就能捕捉到鲜活的新闻“大鱼”，就能行稳致远，经历风雨见得彩虹，实现习近平总书记倡导的新闻报道有思想、有温度、有品质。

二、增强眼力，重在明察秋毫

“登东山而小鲁，登泰山而小天下。”作为新时代的新闻宣传工作者，在眼力的增强上，就是要有面对纷繁复杂的情况时对问题的发现力、辨别力、判断力；能够自觉地以习近平新时代中国特色社会主义思想为指导，树牢“四个意识”，坚定“四个自信”，做到“两个维护”，能够对意识形态领域的各种言论、观点、思潮、思想等情况进行准确快速辨识、鉴别，善于发现问题、明辨是非、捕捉亮点、抓住根本。简言之，就是能发现更多的好素材、好新闻，透过好素材、好新闻去洞察问题的本质，不做“鹦鹉学舌”，而做“人无我有，人有我优，人优我特”。

2015 年初，举国上下都在推进基本解决执行难这个天下第一难事，江西省亦不例外。全国都在做，如何才能有新意，考验每一个新闻宣传工作者的眼力。多数人都围绕着法院系统抓“老赖”、判“老赖”做文章，现场直击、融媒体直播。这是不是新闻？肯定是，效果还不错，反响也很好。但中国江西网的内容团队却从中看到了社会主义核心价值观融入法治建设、践行“互联网 +”、深度推进传统媒体与新兴媒体融合发展、“四个自信”等国家战略的相互交织，敏锐地捕捉到以此为抓手开启新时代德法兼治的新思路、新模式。在江西省高级人民法院、江西日报社的支持下，网站联合江西省高级人民法院执行局、驻赣 18 家金融机构，全国首创了一个精准曝光涉赣“老赖”的“法媒银・失信被执行人曝光台”。该“曝光台”运行至 2019 年 2 月底，1300 多万人次免费查询，4.41 万名典型涉赣“老赖”被曝光，8000 多人履行义务，标的额 8 亿多元，限制乘坐飞机 43.26 万人次，限制乘坐高铁 16 万多人次，协助江西司法网拍总成交额超 200 亿元，为当事人节省佣金逾 6 亿元，多次亮相最高法工作报告，受到了多位中央领导同志的高度肯定，成了德法兼治、德法结合的“江西样本”，中宣部、最高法专门来赣开现场会予以总结推广。

增强眼力，简单地说就是要在纷繁复杂、多元多样多变的舆论场中提高舆论引导能力的问题。我们不仅要说正确的话，更要有效地说正确的话，在关键时间节点，在重大事件、重大问题上，仅仅满足于声音的正确，就可能导致自娱自乐式的无效传播。导向通过效果体现，新闻舆论工作最终要看效果。“法媒银・失信被执行人曝光台”的成功实践告诉我们，只要明察秋毫，打开眼界就能增强眼力，就能实现民间舆论场与官方舆论场的同频共振。一直以来，由于多方面的原因，社会上对“天下第一难事”法院执行难存在不少误解和非议。如何打通两个“舆论场”，实现相辅相成，关系着社会的诚信与和谐，法治的公平与正义，人心的安稳，其关键在于“通”。“通”就要“畅”，“畅”就要有个平台，让这个平台承担起两个“舆论场”的观点和信息的主动交流、对等表达，寻求到两个“舆论场”的最大公约数。“法媒银・失信被执行人曝光台”不仅让受众主动接纳了来自法院和金融机构的信息，对这些违法乱纪的“老赖”曝光表示拍手称快，还倾听到了法院执行的汇报，使得官方舆论场接了地气，提升了悦纳度，让受众在接纳中理解、在理解中支持；对于法院和金融机构而言，通过平台主动发布信息，抢占了舆论制高点，掌握了话语权、取得了主动权，两个“舆论场”通过这个平台实现了交相呼应，做到了党性与人民性的统一，使法治与德治互为支撑、相向而行，推动社会主义核心价值观融入法治建设内化于心、外化于行。

三、增强脑力，重在学思践悟

“横看成岭侧成峰，远近高低各不同。”作为新时代的新闻宣传工作者，要想“会当凌绝顶，一览众山小”，就必须不断地增强脑力，即在工作、学习和生活中愿思考、勤思考、能思考、会思考、善思考并作出准确分析、研判，从而达到“见人之所未见”。

1939年，毛泽东为《新中华报》题词“多想”，就是希望大家思考问题能够更深入、更全面、更深刻、更透彻。报社将题词制成匾额，挂在编辑部窑洞最显眼处。1951年4月11日，著名作家魏巍的长篇通讯《谁是最可爱的人》发表，毛泽东主席作出了“印发全军”的亲笔批示；朱德总司令阅后说“写得好！很好！”周恩来总理称赞这篇文章“感动了千百万读者，鼓舞了前方的战士”。一篇新闻通讯让“最可爱的人”成为中国人民志愿者的代名词，影响和感染了几代中国人，没有相当的脑力肯定是做不到的。

报道党的十九大，中国江西网内容策划团队，脑洞大开，目标就是一个——要打造“叫得响、立得住、传得开”的融媒体爆款作品。几次“诸葛亮会”后形成思路：主题上不能局限于本地，要放眼全国，抓住最关注的点，在十九大报告上下功夫；形式上要创新，设计大家熟悉的场景形式，让作品自带传播流量，可以通过学习词典加关键词用H5的形式来表现。十九大开幕之前，所有的设计模板和形式制作好。开幕当天，围绕习近平总书记报告提出的“一系列新思想、新论断、新要求”这个主题，第一时间快速将“大会主题、历史使命、历史方位、两个重大判断、新时代五个定位、主要矛盾”等十九大报告中的核心要点进行全面梳理和简要总结，推出了H5作品《十九大报告学习词典》。该作品在制作的过程中，几易其稿，反复推敲打磨。特别在配乐方面，尝试用了几十首音乐，反复比对，先选用了《走进新时代》，因为十九大报告中出现了35次“新时代”，反复征求专家朋友意见说“不妥”。后来又选用了《在希望的田野上》，又觉得配乐不到位，没体现新时代的特点和特色。最后选用了歌曲《江山》作为背景音乐，音乐与主题浑然一体，得到了中宣部的高度认可。当晚10时，作品一经推出便受到广大网友的热烈追捧，瞬间在全国朋友圈刷屏，仅6天时间总阅读数就超过了1200万，创造了江西融媒体宣传史上的最佳业绩。

还有，中国江西网获得中国新闻奖一等奖的网络新闻专题作品《千年大墓 惊世发掘——南昌海昏墓出土》（http://ad.jxnews.com.cn/liujue/2015/xhdm/）也是开动脑筋精心制作的结果。为展现好这个惊世发掘，每个篇章专门有一个“进入”的按钮，且这两个字选用的是繁体字，也是最能反映中国厚重文化的文字表现形式——书法印章。“进入”这一繁体书法印章按钮的选择，与页面制作上其他艺术元素，如整体色彩、字体形态、编排方式等交相辉映，共同形成了整个页面古色古香的艺术风格和千年韵味。

从这些鲜活的新闻作品可见，随着新时代的新变化，新传播带来新挑战，更需要新闻宣传工作者不断加强学习，勤于钻研，以问题为导向学思践悟，创作的作品才能“让人惊”“让人思”，才能在纷繁复杂的舆论场里保持定力，才会有“暮色苍茫看劲松，乱云飞渡仍从容”的胸襟，才会有“不管风吹浪打，胜似闲庭信步”的从容，才会有独特的见解和深邃的思想，才会有凝聚力、向心力、穿透力、感染力、传播力、公信力、生命力。

四、增强笔力，重在妙笔生花

“前生子美只君是，信手拈得俱天成。”作为新时代的新闻宣传工作者，有了充沛的脚力，有了敏锐的眼力，有了深邃的脑力，但若没有非凡的笔力，不能信手拈来，做到妙笔生花，那也意义不大，因为呈现出优秀的新闻作品才是出发点，才是落脚点，创作出人民群众喜欢看、喜欢听并且深受教育、鼓舞的好作品才是关键的关键。因此，要善于谋篇布局，要勤于提炼思索，还要精于鲜活表达，做到精益求精，作文有神来之笔。

唐朝著名诗人贾岛在作诗“鸟宿池边树，僧敲月下门”时，对“敲”和“推”难以取舍，于驴上吟哦，引手作推敲之势，闯入时任京兆尹的韩愈的仪仗，遂得“敲”字传为佳话。在革命年代，我们党就以笔为枪，唤起工农千百万，同心干，为民族独立和人民解放事业汇聚起了无穷的精神力量。

先人尚且如此，何况新时代的我们。作为新闻宣传工作者，笔下有人命关天，笔下有财产万千，笔下有是非曲直，笔下有毁誉忠奸。稍有不慎，一字之差，就可能会离题万里，毁掉一切，正所谓“差之毫厘谬以千里”。所以，必须增强和提升笔力，认真推敲，反复打磨。如前文所述的中国江西网作品《十九大报告学习词典》，在配乐上如选用了《走进新时代》难道不是“下笔千言离题万里”吗?

2018 年 3 月 17 日上午，习近平全票当选为国家主席、中央军委主席。中国江西网内容团队制作的《热烈祝贺习近平全票当选国家主席　一起来为中国加油》H5 作品在微信、微博、客户端等全媒体矩阵平台发布后，迅速刷屏朋友圈，反响强烈，阅读数超过 1000 万人次，累计为中国加油次数过 2.2 亿，两度获中宣部的高度肯定。2019 年 3 月 5 日，中国江西网用古诗词和漫画的形式对总理政府工作报告中的重大民生举措进行了梳理解读，推出了《读总理报告　品诗画中国》H5 作品，瞬间引爆，一天阅读量达到 500 万，赢得了中宣部的通报表扬。

这些作品微传播的巨能量是如何实现的? 其最核心的就是善于呈现，精于表达，既接地气，又通天气，还冒热气，更聚人气。如《热烈祝贺习近平全票当选国家主席　一起来为中国加油》以 2018 春节联欢晚会火爆的歌曲《我们的新时代》作为背景音乐，整体主打中国红，互动性和感染性极强，既是一个微视频，也是一个奇特小游戏。网友一边见证习近平主席向宪法宣誓庄严神圣的历史时刻，聆听人民领袖对人民的承诺的原音；一边在点赞“中国心”的互动中，表达对主席的爱戴，为中国加油点赞，点赞结束后显示排名、加油次数及击败网友等情况，在分享时会自然出现“热烈祝贺习近平全票当选国家主席！我是第 ××× 位为中国加油的人”，同时，设置加油 TOP500 排名，网友还可以邀请好友进行加油 PK，极大地触发网友分享转发的参与积极性，让新闻宣传报道在网友互动中轻松完成。

面对新形势、新变化、新挑战，面对百年未有之大变局，作为新时代的新闻宣传工作者，积极响应中国记协发出的《践行“四力”倡议书》，通过脚力的勤快深入、眼力的广大精深、脑力的深思熟虑，笔力的表达呈现，以最实作风、最强定力、最深情怀、最高追求的积极心态和良好状态，努力奔跑，把打造新闻精品力作作为至上的职业追求，主动到改革开放的生动实践和人民群众的火热生活中挖掘素材、提炼主题、传播思想，撸起袖子逐梦前行。传

（本文编辑 刘良龙）

New Communication

特别关注

新中国成立 70 周年

邓辉林

激励特区人牢记“先行示范”战略定位

——浅谈深圳特区报“以优异成绩迎接新中国七十华诞”新春系列评论

激励特区人牢记“先行示范”战略定位

——浅谈深圳特区报“以优异成绩迎接新中国七十华诞”新春系列评论

□ 邓辉林

深圳特区报“以优异成绩迎接新中国七十华诞”新春系列评论，不仅激励特区人牢记“先行示范”战略定位，奋勇争先，也必将产生强烈的辐射带动作用，让其他地方增强抓实抓好改革发展、以优异成绩迎接新中国七十华诞的紧迫感和责任感。

【关键词】新中国七十华诞 新春系列评论 深圳特区报 优异成绩

2019年2月11日是正月初七，春节假期后上班第一天，深圳特区报即推出己亥新春系列评论。这一组“以优异成绩迎接新中国七十华诞”为副标题的新春系列评论共有8篇:《勇担伟大新使命》《改革尖兵舍我其谁》《打造核心引擎》《高质量发展靠创新》《一个也不能少》《一切为了人民》《事必有法》《实干为要》。评论展现了深圳深入贯彻落实习近平总书记2018年12月26日对深圳工作作出的重要批示精神、在新一年夺取优异成绩迎接新中国七十华诞的昂扬斗志和饱满精神状态，表明了深圳牢记习近平总书记殷殷嘱托，在新时代改革开放中，勇担伟大新使命，创造让世界刮目相看的新的更大奇迹的坚定心志，令人对我国影响最大、建设最好的经济特区在2019年的新作为充满期待。

作者邓辉林系深圳特区报评论部副主任

深圳特區報

SHENZHEN SPECIAL ZONE DAILY

今日8版

2019年2月 11 星期一

习近平向非洲联盟第32届首脑会议致贺电

己亥新春系列评论

勇担伟大新使命

——一论以优异成绩迎接新中国七十华诞

抓住重大机遇 创造新的辉煌

深圳举全市之力推进粤港澳大湾区建设

在习近平新时代中国特色社会主义思想指引下 建设先行示范区和现代化强国城市范例

深圳率先开展5G商用试点

今年将实现小规模连片组网

春节假期我市主要旅游经济指标增长明显

市民出游总花费同比增14.36%

央视春晚深圳分会场绽放深圳科技、时尚、创新的城市气质

2019，我们的春晚烙下"深圳印记"

深圳特區報

SHENZHEN SPECIAL ZONE DAILY

今日8版

2019年2月 12 星期二

中央军委主席习近平签署命令 发布《中国人民解放军军事训练监察条例(试行)》

己亥新春系列评论

改革尖兵舍我其谁

——二论以优异成绩迎接新中国七十华诞

对标先进 敢破善立 创新引领 先行示范

深圳矢志推进全面深化改革

在习近平新时代中国特色社会主义思想指引下 建设先行示范区和现代化强国城市范例

李希到广州东莞调研

深入学习贯彻习近平总书记重要讲话精神 以饱满精神状态投入粤港澳大湾区建设等各项工作

王伟中到莲塘口岸及深港科技创新合作区调研

开足马力 真抓实干 举全市之力推进粤港澳大湾区建设

本报己亥新春评论引热烈反响

人民日报客户端及央视第一时间转载转播

市政府召开六届五次全体(扩大)会议

"四个对照"抓落实 推动各项工作出精品出示范出经验

开工忙 服务优

A股喜迎开门红

这组评论引起了强烈而广泛的社会反响。不仅人民日报客户端、中央电视台、深圳卫视等中央和地方媒体转载或转播，而且引起多地专家学者热议。

一、着力打牢"先行示范"战略定位，激励特区人明责思进、勇于担当

习近平总书记2018年12月26日对深圳工作作出重要批示，赋予深圳"朝着建设中国特色社会主义先行示范区的方向前行，努力创建社会主义现代化强国的城市范例"的崇高使命。"先行示范区""城市范例"，实际上赋予深圳"先行示范"的战略定位，这也是党中央创办经济特区的重要战略意图，是习近平总书记对深圳一贯的期望。

这一组评论中的每一篇，都紧扣"先行示范"战略定位，旨在推动深圳牢牢把握这一战略定位，创造无愧于这一战略定位的优异业绩。

开篇之作《勇担伟大新使命》，阐明了习近平总书记赋予深圳的"先行示范"的战略定位，为整组系列评论定下了基调、明确了方向。

《改革尖兵舍我其谁》，紧扣重要批示中"坚持全面深化改革"的要求，阐明"当尖兵，是党中央创办经济特区的重要战略意图，

深圳特区报
SHENZHEN SPECIAL ZONE DAILY
2019年2月 13 星期三
去年我国进出口规模创新高
商务部：2019年有信心保持外贸稳定增长
省委常委会召开会议
认真学习贯彻习近平总书记重要讲话精神
加快建设新型主流媒体做大做强主流舆论
李希主持会议
打造核心引擎
——三论以优异成绩迎接新中国七十华诞
王伟中专题调研我市水污染治理
全力开展"水污染治理决战年"工作
坚决以硬干部硬作风硬措施完成硬任务
深圳去年减免税额2411亿元
坚持把创新作为城市发展主导战略
在习近平新时代中国特色社会主义思想指引下
建设先行示范区和现代化强国城市范例

深圳特区报
SHENZHEN SPECIAL ZONE DAILY
2019年2月 14 星期四
推进粤港澳大湾区建设
逾万家港资企业在前海注册
深圳"秒批"服务再升级
谋湾区 抓实体 重研发
——经济高质量发展的"深圳答卷"
李希到珠海调研
深入学习贯彻习近平总书记重要讲话精神
努力打造粤港澳大湾区重要门户枢纽
珠江口西岸核心城市和沿海经济带高质量发展典范
高质量发展靠创新
——四论以优异成绩迎接新中国七十华诞
深圳市推进粤港澳大湾区建设领导小组会议召开
抢抓粤港澳大湾区建设重大机遇 不断增强核心引擎功能
王伟中主持会议 陈如桂李建红出席
深圳一批粤港澳大湾区建设重大项目集中开工
新开工项目31个 总投资达749亿元
我市召开援派干部人才座谈会
王伟中作出批示

是习近平总书记对深圳的信任和期望”，论述深圳如何在全面深化改革上先行示范。

《打造核心引擎》，紧扣重要批示中“抓住粤港澳大湾区建设重大机遇，增强核心引擎功能”的要求，阐明“建设粤港澳大湾区，是深圳新时代改革开放的总牵引”，论述深圳如何在抢抓粤港澳大湾区建设机遇中发挥先行示范作用。

《高质量发展靠创新》，紧扣重要批示中“践行高质量发展要求，深入实施创新驱动发展战略”的要求，论述深圳如何在依靠创新驱动高质量发展上发挥先行示范作用。

《一个也不能少》，旗帜鲜明地提出：“助力全面建成小康社会，深圳要当‘领头雁’”，论述深圳如何在助推实现我党确立的第一个百年奋斗目标、服务“两个大局”中先行示范。

《一切为了人民》，紧扣重要批示中“坚持以人民为中心”的要求，进而阐明“在践行以人民为中心的发展思想上先行示范，是习近平总书记的殷殷嘱托，也是深圳始终不渝的初心和使命”，论述深圳民生事业发展如何先行示范。

《事必有法》为深圳全面先行示范提供方法路径，明确新时代深圳经济特区“坚定不移用习近平新时代中国特色社会主义思想武装头脑、指导实践、推动工作，彰显习近平新时代中国特色社会主义思想强大的真理力量、信仰力量、实践力量”的使命。

《实干为要》紧扣重要批示中“真抓实干”的要求，开篇即

深圳特区报
SHENZHEN SPECIAL ZONE DAILY
15 星期五
坚持高质量发展 构建现代产业体系
中办国办发文:加强金融服务民企
一个也不能少
——五论以优异成绩迎接新中国七十华诞
认真学习贯彻习近平总书记关于"三农"工作重要论述
深入实施乡村振兴战略 加快推进农业农村现代化
加快超高清视频推广应用 助推电子信息产业转型升级
这里的创新为何千帆竞发
黄宁生任广东省委统战部部长

深圳特区报
SHENZHEN SPECIAL ZONE DAILY
18 星期一
开训动员,实战化练兵热潮涌动
守护深圳蓝 决胜河水清
一切为了人民
——六论以优异成绩迎接新中国七十华诞
深圳多方面领跑5G时代
河源兴中村,流来南山"送"的自来水

响亮提出“愈进愈难，愈进愈险，愈是要实干”，向国人昭示深圳人实干当先、干得更好的精神状态，激励特区人在实干上先行示范。

二、聚焦长远目标，理清发展思路

社会主义现代化强国的城市范例，是习近平总书记为深圳指明的长远发展目标。发展的目标升级了，意味着我们碰到的重点和难点问题，也和过去不同了，这就要求我们必须有看问题的新的视野、抓工作的新的举措。

看完这一组评论，有一个强烈的感受，那就是：深圳经济特区，不同于一般的城市，有特别的视野、特别的思路、特别的举措！深圳，将要以更新的思路、更高的标准、更严的要求，来贯彻落实习近平总书记重要批示精神。

《勇担伟大新使命》让我们看到了深圳如何站在全球城市竞争的恢宏视野和国家现代化的宏大格局来理解和落实深圳肩负的新的伟大历史使命。

《改革尖兵舍我其谁》，从砥砺改革意志、狠抓改革质量、勇闯改革无人区三个方面论述如何当尖兵，新的视角和新的做法令人眼前一亮。

《打造核心引擎》，以“马力”　“扭矩”和内部“润滑度”这一组妙喻，抓住创新引领、增强辐射力和协同力三个关键点，来论述深圳如何增强核心引擎功能，新思路、新举措令人豁然开朗。

《高质量发展靠创新》，从“破”与“立”两个方面阐述如何优化创新生态，展示了特区实施创新驱动发展战略的新路径。

《一个都不能少》，提出的“深圳观念”助力全面建成小康社会、助力全面建成小康社会要走合作共赢之路、要久久为功等观点，打破思维定势，拓展了人们对对口帮扶等问题的认识。

《一切为了人民》，提出的运用科技力量、市场之力、改革手段增进民生福祉，契合深圳已有的优势条件，颇具参考借鉴意义。

《事必有法》，重点阐述一切从实际出发、强化问题意识、用好辩证法、推进理论创新和实践创新互动，指明了我们做好各项工作的方法论。

《实干为要》中论述的“真抓的实劲”“敢抓的狠劲”“善抓的巧劲”“常抓的韧劲”，说到了点子上，说到了关键处，给人留下深刻印象——特区抓工作、抓落实，不一般，值得看，值得学！

三、增强抓实抓好改革发展、以优异成绩迎接新中国七十华诞的紧迫感和责任感

万丈高楼平地起。大目标是由一个一个小目标组成的，实现大目标也要从小目标做起，把大目标具体化，一个个小目标去完成。实现目标，关键靠干，关键靠实践，从现在做起，从自身做起，把各项工作完成得好上加好，从而推动深圳创造新的辉煌。

实现深圳的大目标，先要实现今年的小目标——把今年的工作任务完成好，以优异成绩迎接新中国七十华诞。

为了实现小目标，深圳今年改革发展如何推进？

这组评论按照习近平总书记对深圳工作作出的重要批示要求，就深圳今年改革发展中应当做好的重要工作进行系统阐述，动员全市各行各业市民群众真抓实干，凝聚推进工作的强大合力。

《勇担伟大新使命》为深圳“在经济、政治、社会、文化、生态、党的建设等领域全面先行示范”加油鼓劲。

《改革尖兵舍我其谁》，提出“一切不符合新发展理念的思想观念都坚决摒弃，一切不符合高质量发展要求的体制机制都大胆改革，一切制约创新的管理模式都促其改变”，再一次吹响了“全面深化改革”的号角。

《打造核心引擎》，敏锐地感知到“湾区时代已经到来”，明

确“深度对接港澳所需、深圳所能、湾区所向，举全市之力，各方面全过程推动”是深圳担当核心引擎的应尽之责。

《高质量发展靠创新》提出了下一步推进高质量发展的建议："坚持把创新作为城市发展主导战略，牢牢把握高质量发展根本要求，持续打造深圳质量、深圳标准、深圳设计、深圳品牌，不断推动创新优势再巩固，发展质量再提升，城市核心功能和管理品质再优化”。

《一个都不能少》认为深圳要在助力全面建成小康社会中“发挥带头、带动作用” “为全面建成小康社会收官打下决定性基础，作出特区更大贡献”。

《一切为了人民》铿锵有力地提出："把人民摆在改革发展一切工作的‘C位’ ”，要多谋民生之利、多解民生之忧、掀起民生供给侧结构性改革。

《事必有法》，鉴于改革开放不断推向深入、改革发展任务越发艰巨，鲜明地提出“要把思想方法搞对头”，为深圳新一年坚持正确工作方法提供遵循。

《实干为要》，呼唤深圳抓住2019年稍纵即逝的宝贵时间窗口，用“硬脊梁” “宽肩膀” “真本领”在新时代干出新成就。

这组系列评论说目标，说任务，说方法，推动习近平总书记重要批示精神落实到深圳今年各行各业各项工作中去，激励全市上下在新一年只争朝夕，奋发有为。

在深圳按照习近平总书记重要批示要求全面推开建设“先行示范区、强国城市范例”的关键之年，在新中国成立70周年之际，深圳特区报己亥新春系列评论不仅激励特区人牢记“先行示范”战略定位，奋勇争先，也必将产生强烈的辐射带动作用，让其他地方增强抓实抓好改革发展、以优异成绩迎接新中国七十华诞的紧迫感和责任感。这道丰盛、精美的新闻评论大餐，振奋人心、振作士气，对深圳人和全国人民来说推出得正是时候。传

（本文编辑 刘良龙）

New Communication

媒体融合

陈国权

县级融媒体中心建设的历史渊源考察

县级融媒体中心建设的历史渊源考察

□ 陈国权

融媒体中心建设对于县级媒体而言，是个千载难逢的好机遇，借势县级融媒体中心建设的春风，可以在体制机制、资金资源、场地人员、编制机构等县级媒体以往根本无法解决的问题上获得改革动力与支持，迎来县级媒体的大发展大繁荣， 提升县级媒体传播“四力”，达成“引导群众、服务群众”目标。

【关键词】县级融媒体中心 建设 历史渊源 考察

为什么会在当下提出建设县级融媒体中心？所针对的是县级媒体当前存在的什么问题？县级融媒体中心建设的意义和价值在哪里？要回答这些问题，就非常有必要考察我国县级媒体发展历程，也就是县级融媒体中心建设的历史渊源。

我国县级媒体的第一个发展高潮是上世纪 50 年代，大量县级报纸应社会主义改造与建设的动员需要而创刊，[①]1956 年底，仅浙江省就有县报 75 家，除海岛县，几乎县县有报。但三年困难时期，县报陆续停刊。

作者陈国权系《中国记者》杂志值班主编，新华社新闻研究所主任编辑

一、广电的治散治滥

县级媒体发展的第二个高潮是20世纪80年代中期。1983年3月，为迅速提高广电覆盖面，当时的广播电视部召开了全国广播电视工作会议。时任部长吴冷西提出，两级办电视的政策已不适应形势，凡具备条件的省辖市、县也可开办广播电视台，除转播中央和省台电视节目外，可播出自办节目。[②]后来的中共中央37号文件明确了“四级办广播、四级办电视、四级混合覆盖”的广电体制，县级广播电视台数量迅速增加。从无到有，1985年，县级电视台就有了61座，全国电视台从1980年的29座，到1991年的543座，增量主要就是地市县电视台。县级电视台风起云涌，但“一放就滥”，很快就出现了重复建设、资源浪费、闲置、内耗的现象。

广电的治散治滥开始逐步推进，1995年，国家开始全面停批县级台建设。1995年5月，广电部的《关于对各级无线和有线广播电台、电视台进行检查的通知》下发，整顿非法批台、建台、乱播滥放现象。1997年8月，广电部又通知要求：同一县（市）设立的广播电台、电视台及有线电视台必须合并为一个播出实体。1999年11月，国务院办公厅发布《关于加强广播电视有线网络建设管理意见的通知》，主要内容：一是网台分离；二是电视与广播、有线与无线合并；三是四级广电停办；四是公共频道将取代县级电视台的自办节目，只留一定时段供县级电视台播出本地新闻和专题节目。2001年，国家广电总局下发《关于加快有线广播电视网络有效整合的实施细则》，要求采取措施加快广播电视网络整合，形成垂直的广播电视网络运营新格局。[③]

2002年7月1日起，省级电视公共频道统一开播，县级电视台的自办电视频道取消，主要职能改为转播中央、省和市级电视台节目。这将县级台逼到一个非常边缘的境地，甚至其所肩负的意识形态功能也被弱化，这一功能被中央、省市台的有线网络所取代。但县级广播电视台依然在艰难中发展，2007年底，全国广播电视播出机构2587座，其中县级广播电视播出机构1916座，约占全国广播电视播出机构的74.1%。[④]

二、2003年县市报治理整顿

报纸方面则要窘迫得多。20世纪90年代中期，在邓小平南方谈话精神鼓舞下，县市报掀起了“复刊”“创刊”的高潮，呈现出前所未有的繁荣景象，这实际上是县级媒体发展的第三个高潮。在谈话发表当年，县市报数目发展到200多家；1993年达300余家；1994年460余家。到21世纪初，比如浙江省，又一次实现了除海岛县，县县有报纸的盛况。最火爆时，仅2000年12月，国家新闻出版署就给浙江省新批了8家县级日报公开刊号。跟县级广播电视台类似，县级报纸也是“一放就滥”“四级办报”，全国出现了1000多份县级报纸，当然有些没有国内统一刊号；一个村委会要订中央、省、市、县四份党报，在减轻农民负担的呼吁下，报纸的治散治滥被提上议事日程。

2003年7月，《中共中央办公厅、国务院办公厅关于进一步治理党政部门报刊散滥和利用职权发行，减轻基层和农民负担的通知》下发，要求：“县（市、旗）和城市区不再办报刊，已经办的要停办。对个别影响大、有一定规模的县市报，可由省级党报或地市级党报进行有偿兼并，或改为地市级党报的县市版。”7月23日，新闻出版总署提出了县报刊号保留的具体标准，即：“对人口在50万以上，国内生产总值在100亿元以上，社会消费品零售总额在30亿元以上的县（市、旗）所办报纸，年广告收入在400万元以上的，经严格评估论证后，可由省级党报或地市党报进行有偿兼并，或改办为地市级党报的县市版。”⑤

2003年的报刊治理整顿终结了四级办党报的历史，2003年6月，共有1000多份县报，其中，309家有全国公开刊号；整顿之后，2003年7-12月，258家具有全国统一刊号的县报被注销。51家县市报的刊号予以保留，其中包括6家“我党解放前创办”，4家少数民族自治县报纸，以及41家经营状况较好、拥有一定经济能力的县报刊号被保留；分别由省级或地市级党报进行有偿兼并，不再归为党报序列。

三、满足县级传播需求的县级媒体突围

经过两次治理整顿，全国县级党委政府手头所掌握的传播工具与阵地就变得极其缺乏。调研中，我们感受到，各县对一个自己拥有自主权的媒体有着非常迫切的需求，强制性地关停并转，并不能够扼住这样的媒体需求；相反却让这种需求变得更加强烈。

在公共频道体制下，县级党委政府所诟病的是拥有广播电视台，需要财政投入的同时，却没有完全话语权。这样不适应基层

需求的改革一般都难以持续，加上县级电视台与公共频道争夺播出时段，以及公共频道定位上的摇摆，后来除了如安徽这样的少数几家公共频道，大部分公共频道基本上名存实亡，都成了省级各频道的垫底，在尴尬中艰难度日；而拥有足够需求的县级电视台依然在曲折中繁荣如初。

为满足传播需求，大量以“今日”为开头的没有统一刊号的县级报纸也开始涌现。县市报不减反增，以浙江省为例，2003 年治理整顿前共有 57 家县报，其中 27 家拥有国内统一刊号。整顿注销了 11 家县报的刊号，保留 16 家，后又变通增加了两家，共 18 家县报有刊号。但目前据调查，浙江全省有刊号无刊号的县报共 65 家，实际上比 2003 年整顿之前还增加了 8 家，也就是说，浙江省现在基本上每个县都办有报纸。而在其他省份的县报也大都相继恢复，或者更名，赠送订阅，没有广告许可证。

四、新媒体成县级舆论格局最大变量

世纪之交，新媒体的崛起，带来冲击的同时，也给渠道匮乏的县级媒体提供了绝好的拓展机会。只要内容有足够吸引力，县级媒体就有了突破区域限制的可能。从电子版、手机报，到之后的两微一端、短视频。

1999 年 1 月 1 日，《绍兴县报》就开办了电子版。1999 年 9 月 29 日，《萧山日报》网络版成为第一家日更的县报网络版。2005 年 11 月，《今日德清》创办了县级手机报。随后，各县纷纷开办手机报，顶峰时期，浙江全省有 60 多家县级手机报，几乎都是收费阅读，直到 2016 年左右，很多县又停办了手机报。2016 年，浙江省几乎所有县级报纸，都开通了多媒体数字报。

基本上所有的新媒体形态，县级媒体都有涉及。据调查，县级媒体中有 60% 拥有三种以上的媒介形态；在今日头条、一点资讯等第三方平台开通了官方账号的有 45.1% 的县；有 579 个县拥有新闻客户端，覆盖率达 30.96%；占比达 87.54% 的县，共计 1637 个县开办了微信公众号。[⑥] 一些县还与社会公司一起合作建设新媒体，比如 2016 年，江苏常州金坛区广播电视台和金坛建设发展有限公司共同出资组建了常州江东现代传媒有限公司，注册资本 1 亿元，创办的金坛网微信公众号在全国 2851 个县中排名第六，已囊括网站、电台、电视等多个公众号。

目前县级舆论格局的最大变量是地方自媒体，包括政务媒体和个人自媒体。县级移动、电信、联通及局以上部门、一些社会团体、企业、个体都利用新媒体搭建自己的自媒体平台。一些县甚至出现了地方自媒体内容矩阵公司，联盟了百个城市，这些自媒体分食了县域体制内媒体的内容流量与广告资源。加上大型互联网公司最近几年的流量下沉策略，都给县级媒体传播格局带来巨大影响。2014 年以来的微博用户月活超过 4 亿，2018 年快手用户日活过亿，这些用户大部分是来自县级的小镇青年。[⑦]由于体制机制的束缚，这些大平台账号中，县级媒体的影响力远比不上那些自媒体。宣传部门的同志反映，这些自媒体中的谣言、软文、色情、暴力等负面内容成为影响县级舆论生态的重要因子，严重干扰了舆论良性格局的建构。避免这些流量下沉的自媒体影响，成为县级融媒体中心建设的重要价值与意义。

五、县级融媒体中心建设机遇

为满足县级传播需求，应对新兴媒体冲击，坚守基层舆论阵地，打通舆论传播的“最后一公里”，县级融媒体中心建设应势而生。2018 年 8 月 21 日召开的全国宣传思想工作会议上，习近平总书记提出 “要扎实抓好县级融媒体中心建设，更好引导群众、服务群众。” [⑧]

实际上，在中央顶层设计之前，为应对县级媒体所存在的问题，很多县已较早开始了改革尝试。县级融媒体中心也是建立在大量基层试点之上的顶层设计，满足基层的切实需求。

一些县先以建立县级新闻中心的名义来满足县级传播需求。比如，杭州建德市的县报刊号在 2003 年报刊治理整顿中被注销，后经多次研究，决定成立建德新闻传媒中心，建设建德新闻网站（网页），由网站出版免费发行的《今日建德》，经费由市政府补贴；同时，市区部分街面广告，由传媒中心负责经营，以弥补经费缺口。2005 年，这一经营模式不仅很快在浙江全省推广开来，还吸引来江苏、山东等省县级传媒学习取经。

一般新闻传媒中心也是汇聚当地媒体资源的聚合平台，由县委领导，各县宣传部主管，成为重要的宣传舆论阵地，也是当前的县级融媒体中心前身。

县级媒体合并为一家的尝试也较早开始。贵州瓮安县 2008 年将报纸、广播、电视、网站合并为一家媒体。早在 2011 年，长兴传媒集团就由原来的长兴县委报道组、长兴政府网、长兴宣传信息中心、长兴广播电视台四个单位整合组建而成，包括广电、报纸、网站、新媒体等各种媒介形态。2016 年 9 月，江西的宁都、寻乌、崇义三县的全媒体中心同步举行揭牌仪式。

2018 年开始，关于县级融媒体中心的基层试点开始在一些地方推进。2018 年 2 月，浙江青田电视台与青田侨报社合并成立了青田传媒集团。2018 年 4 月，河南日报报业集团旗下的大河网与安阳县联合建设县级融媒体中心。2018 年 7 月 6 日，湖南日报社与浏阳联合建设的浏阳融媒体中心挂牌；同日，在陕西延安富县举行了陕西省县级党委政府集中宣传平台上线仪式；7 月 6 日，四川省市县融媒体中心建设现场会在达州市召开；7 月 21 日，北京海淀区融媒体中心挂牌……全国宣传思想工作会议后，全国掀起了县级媒体发展的第四个高潮——建设县级融媒体中心。

融媒体中心建设对于县级媒体而言，是个千载难逢的机遇，借势县级融媒体中心建设的春风，可以在体制机制、资金资源、场地人员、编制机构等县级媒体以往根本无法解决的问题上获得改革动力与支持，迎来县级媒体的大发展大繁荣，提升县级媒体传播“四力”，达成“引导群众、服务群众”目标。传

（本文编辑 刘良龙）

注释：

①洪佳士．县市报发展 40 年【A】．中国报业 40 年【M】．人民日报出版社，2018（4）：94.

②李洁琼．县级电视台生存与发展研究【Z】．湖南大学硕士论文，2009.

③ 2001 广播电影电视工作要点【A】．中国广播电视年鉴 2002【M】．中国广播电视年鉴社 ,2002：16.

④李洁琼．县级电视台生存与发展研究【Z】．湖南大学硕士论文，2009.

⑤ 陈国权．县市报整顿十年观察【J】．中国记者，2013（3）：73-76

⑥谢新洲，黄杨．我国县级融媒体建设的现状与问题》【J】．中国记者，2018（10）：53-56.

⑦沈阳，闫佳琦．县级融媒体中心建设的思考【M】. 中国出版，2018（22）：20-24.

⑧习近平出席全国宣传思想工作会议并发表重要讲话[EB/CD]. 中国政府网，2018-08-22.http://www.gov.cn/xinwen/2018-08/22/content_5315723.htm

New Communication

新闻英才

李　红

用手中的笔诠释人生态度

用手中的笔诠释人生态度

□ 李红

第二届深圳新闻英才奖得主李红组织策划和采写的深圳“募师支教”行动以及爱心人物典型孙影这两组重大典型报道，主要参与的爱心港商承明系列报道，均在全国产生了较大影响。他通过本文回顾自己的从业经历，展现了新闻记者如何践行社会责任、用手中的笔诠释人生态度。

【关键词】募师支教 爱心人物典型孙影 爱心港商承明 社会责任

工作中的李红。

如果说，坚持是一种人生态度，那么对“募师支教”行动——这一“深圳关爱品牌”长达 13 年的追踪采访报道，则是我用手中的笔诠释的人生态度。

在 26 年的新闻一线从业经历中，每一个策划、每一次采访、每一篇报道……这种坚持，贯穿始终。从隆冬时节徒步跋涉湖南

作者李红系深圳“新闻英才”、深圳商报驻区记者部主任

塔山瑶乡，到炎炎夏日翻越贵州毕节大山；从十几年如一日地持续报道“募师支教”行动，到穷“追”不舍、深入挖掘80后志愿者孙影的感人事迹；从行走大山、走村串户的体验式采访，到深入城市社区的现场采访……

我努力践行“三贴近”和“走转改”，挖掘和报道了一批在全国产生重大影响的爱心典型，用“坚持”的人生态度传递爱的信念，践行社会责任，作出了突出的成绩：组织策划和采写的深圳“募师支教”行动、爱心人物典型孙影这两组重大典型报道，主要参与的爱心港商承明系列报道，均在全国产生了重大影响。

近年来，我先后有10多篇作品分获广东新闻奖特别奖、二等奖、三等奖和深圳新闻奖一等奖等。因工作成绩突出，荣获2013年度深圳市“五一”劳动奖章、第二届深圳新闻英才奖和市直机关工委优秀共产党员称号等荣誉。

一、对深圳“募师支教”行动连续13年进行报道

2018年8月31日，上午10时。深圳宝安机场U站。

荣膺第六届中华慈善奖、被列入“广东省社会组织扶贫创新五大模式”的深圳“募师支教”行动，第24次吹响了出征号角。面向全国招募的新一批大学生志愿者身披绶带、手持鲜花，带着特区人民的爱心和嘱托，从深圳启程分赴贵州、陕西、江西、广西等地的革命老区和贫困山区，踏上为期一个学期的支教征程。

“我们要到最艰苦的地方，做最有意义的事！”在深圳，爱心企业出资，志愿者出力，“募师支教”——这场薪火相传的爱心接力已持续13年之久。

“募师支教”源于一个人的“突发奇想”。许凌峰是深圳一家民营企业的老总，他参加助学活动时，萌生了为贫困山区招募支教老师的念头。在采访中，我偶然获悉许凌峰的想法后，主动介入、积极策划。2006年2月，许凌峰出资20余万元，面向全国招募支教志愿者。《深圳商报》第一时间刊发了我采写的独家连续报道《“老许”出资招募教师山区支教》，在全国引起强烈反响。

以此为开端，我精心组织策划，带领采访团队对深圳“募师支教”行动进行了长达13年的追踪采访、连续报道，全力推动这一全国首创民间支教助学创新模式——“募师支教”行动从深圳

走向全国，叫响全国。

在倾力宣传报道"募师支教"行动的同时，我还全面介入到"募师支教"方案策划、志愿者招募选拔、选点与组织实施、出发仪式、山区支教等各个重点环节，既是这一爱心活动的宣传者、报道者，更是活动的实践者、推动者，为进一步扩大"募师支教"行动、深圳关爱行动在全省乃至全国的影响，作出了突出贡献。

13年来，深圳"募师支教"行动已举办了24届，先后招募的1300多名大学生志愿者奔赴远山，足迹遍及全国18个省市自治区的500多所山区学校，惠及山区学生20多万人。

"募师支教"先后荣膺第六届中华慈善奖、广东扶贫济困优秀项目奖，入选广东省社会组织扶贫创新五大模式之一，志愿者团队成为2011年度感动中国候选人。"募师支教"已成为深圳人感恩改革开放、回报全国人民的一个具体行动，成为全国著名公益慈善品牌和深圳的"爱心名片"。

我策划采写的深圳"募师支教"行动系列报道持续时间之久，报道规模和力度之大，社会反响之强烈，创造了《深圳商报》乃至深圳新闻史上的新纪录。报道先后获广东新闻奖三等奖、深圳新闻奖一等奖和深圳市城市公共文明建设好新闻最佳策划奖等殊荣。本人先后被评为第四届和第八届深圳市关爱行动先进个人。

二、努力践行新闻记者的社会责任

"铁肩担道义，妙笔著文章。"从事新闻工作26年来，我努力践行新闻记者的社会责任，扬清抑浊，弘扬主旋律，传递正能量。

正是因为这份责任，我从一则几百字的通讯员来稿里，发现了在深投资港商、深圳东胜电机厂董事长承明不幸罹患绝症，决意在生命最后时刻为贫困山区捐建10所希望小学的重大新闻线索。之后，深入挖掘、追踪采访，推出了爱心港商承明独家系列报道，引起中央领导的重视和社会广泛关注。爱心港商承明系列报道分获2007年度广东新闻奖特别奖和2007年度深圳新闻奖系列报道一等奖。

正是因为这份责任，我从2006年8月起，一直关注、报道"80后"深圳女孩、志愿者孙影，穷"追"不舍。对她辞掉深圳的高薪工作，远赴贵州山区支教助学的爱心事迹，进行了长达6年多的独家追踪报道，推动她从深圳走向广东，走向全国，成为全国道德模范、广东省道德模范。

对于新闻记者的社会责任，我有着特别的感悟。在报道每一位爱心人物时，自己不仅仅是在记录和传播，更是在传递一种爱的信念，解读一座爱心城市，解读一个伟大的时代。不仅如此，每一篇爱心典型报道，都让自己的灵魂得到洗礼，让自己的职业操守得以净化，让自己的新闻良知得到升华。

三、深入贵州、湖南山区，翻山越岭采访

本人坚持深入基层一线，把根扎在最肥沃的土壤里，捕捉最鲜活、最生动的新闻素材。在采访工作中，不畏困难，不惧艰险，用心地、自觉地立足本职，默默奉献。特别是在深圳“募师支教”行动这一重大典型报道中，发扬深入扎实的作风，多年如一日，数次远赴贵州、湖南、江西等地山区采访，从大山深处发回一篇篇生动感人的报道。

在贵州大方县羊场镇山区，我跟随支教志愿者，走访大山里的贫困生，进行体验式采访。崎岖的山路充满了惊险与艰辛，乘坐的面包车时而穿过峡谷，时而在山坡上盘旋。越接近贫困学生的家，路越难走，车一路盘旋着向山顶吃力而缓慢地行进，而道路也越发狭窄。有的路段道路太窄，一会儿半个轮胎就悬在了山崖边上，感觉车随时会掉下去。面对山区采访的艰辛，知难而上，从未打过一次“退堂鼓”。

寒冬时节，远赴湖南常宁县塔山瑶乡采访。遇上当地持续下雨，气温骤降，山上出现大面积结冰，每天一班的长途公交车已经停运。“无论如何也要上山，一定要到第一现场采访！”在我再三要求下，常宁县教育局破例决定派出最好的车辆和技术最棒的司机，由一名副局长等人护送上山。在深锁大山的浓浓白雾中，在蜿蜒曲折的盘山公路上，车辆小心翼翼地缓慢爬行。车行驶至海拔 900 多米处，路面出现结冰，无法再往前行进。我和大家下车步行，相互搀扶着踩在滑溜溜的山路上，吃力地朝前走。冰封雾锁的大山里能见度不到 20 米，刺骨的寒气冻得人浑身哆嗦。爬山步行 40 多分钟后，终于抵达了海拔 1200 多米的塔山瑶乡。

“不畏困难，不惧艰险！”在采访工作中，本人以深入扎实的作风，用一次次的行动，努力践行“三贴近”和“走转改”。传

（本文编辑 刘良龙）

New Communication

获奖探秘

阮飞宇

优秀新闻作品素材处理的“大大小小”

——以深圳报业集团 2018 年度新闻奖一等奖作品为例

优秀新闻作品素材处理的“大大小小”

——以深圳报业集团 2018 年度新闻奖一等奖作品为例

□ 阮飞宇

评判优秀新闻作品的一个重要标准，是作品的深层结构和表层呈现的关系是否得到较好的处理。本文着重对作品的表层结构进行探究，结合深圳报业集团 2018 年度新闻奖一等奖作品，从文学理论的角度，运用辩证思维剖析优秀新闻作品在素材处理和挖掘上的成功之道。

【关键词】深圳报业集团 优秀新闻作品 素材处理

什么是好的新闻作品？研读深圳报业集团 2018 年度新闻奖获奖作品，从结构主义的视角，可以归纳出评判优秀新闻作品的一个重要标准，就是作品的深层结构和表层呈现的关系得到较好的处理：从深层结构讲，作品反映的是时代的宏大主题；从表层结构讲，作品的呈现既根植于社会深层结构，又有着合乎人的本性或自然规律的审美逻辑。

关于作品的主题较好理解，本文着重探讨的是表层结构，也就是如何处理和挖掘新闻素材，追求作品的完美呈现。

一、新闻呈现的意味追求

新闻作品与文学作品的一个显著区别，在于一个强调真实，一个容许虚构，而其共同点之一是都以文字为载体，或者说以语言为载体（包括但不限于文字语言、摄影语言、绘画语言、网络

作者阮飞宇系深圳报业集团舆情与传播研究院副主任

语言等）。既是文字（语言）作品，其创作就绕不开一些基本的方法论和审美观，有着共同的遵循。

“文似看山不喜平”，出自清代袁枚的《随园诗话》。脂砚斋评说：“山无起伏，便是顽山；水无潆洄，便是死水。” 把写文章比作观赏山峰，雄峻高耸，奇势迭出，才会引人入胜。所谓“人贵直，文贵曲”，其义在此。

但是，新闻作品既然强调真实，无法像文学作品那样可以天马行空地运用艺术技法，人为创造出叙述的波澜、情节的曲折、构思的精妙，等等。囿于客观事实，不是每一新闻事实都有起伏的看点，如此，“曲”由何来?

按照前述评判优秀新闻作品的标准，探究深圳报业集团 2018 年度新闻奖一等奖作品，可以提炼出新闻精品在素材的处理和挖掘上普遍存在的特点：首先，充分认知老庄的“小大之辩”——大成于小，“合抱之木，生于毫末；九层之台，起于垒土；千里之行，始于足下”（《老子·第六十四章》）；小中蕴大，“芥子藏须弥”“滴水观沧海”；大小互变，“大小多少，报怨以德。图难于其易，为大于其细；天下难事必作于易，天下大事必作于细。是以圣人终不为大，故能成其大”（《老子·第六十三章》）。其次，在大小的互变中实现“曲”的意味——在客观的事实、有限的篇幅之内，锤炼自己的语言，打造自己的构思，选取典型的材料，设计叙事的角度，最终达到尺水兴波、尺幅千里的艺术效果。

二、大小互变的表现类型

老子在《道德经》里提到的“大小多少”，通常解释为“大生于小，多起于少”。亦有人译作“大的看作小，小的看作大，多的看作少，少的看作多”。不管怎样解释，其实都阐述了大小可以互变的道理，这尽可应用到新闻的写作中。

（一）以大化小演绎时代旋律

优秀的新闻作品必须紧随时代的步伐，反映宏大的主题，这是主流媒体的职责使命所决定的。但宏大主题、宏大叙事在传播过程中，面对普罗大众，大音希声，常常遭遇曲高和寡的情形。要改善这种状况，写作上需要明了“大成于小”，找到以大化小的窍门，使时代主旋律得到合乎人的本性或自然规律的演绎。

以大化小，数学上称之为放缩。借鉴放缩法的舍项、放大或缩小分子分母等常用技巧，新闻写作的以大化小就是对新闻题材的写作范围加以调整，使话题由大变小，由虚变实，由抽象变具体。

1. 把大道理具象为小事实

要把党的方针政策和宣传理念有效传播至大众，需要以切实可感的事实印证观点的提出，阐明大道理。

《打造文化强市彰显文化自信的“深圳力量”——深圳只争朝夕创新局改革开放再出发系列述评》这篇通讯，用气势恢弘的文字和颇具说服力的事例，让人由概念到具象，感受到了“深圳力量”“深圳速度”“深圳温度”，进而看到“文化强市”的可能性，预见到城市文化发展的大好局面。报道的成功，关键在于没有大而空地堆砌概念和名词，而是温文尔雅地用事实客观表达意见。

同样地，《奋斗新时代 走在最前列》这篇评论高屋建瓴，气势恢宏，激励人心，同时又避免了空洞与乏味，呈现了深圳发展的具体事例和现实问题，有理而有力。

一项一项事实串联起来，组合成浑厚有力的凭证，使大道理立体化、具象化，有助于读者理解和接纳。

2. 把大刻画落实到小细节

立意高远，气势恢弘，是主流媒体报道常见的审美追求。大手笔的写作离不开小细节的支撑。通过细节的抓取，可以丰富报道对象的刻画，有效表达宏大寓意。比如作为系列报道之一的《生活很开心 工作有冲劲 ——“网红”讲解员王朝的故事》，细节呈现就很生动。王朝回忆习近平总书记与其握手时，“总书记手好暖，晃了几晃才松开”，见到石斛花，“高兴地拿到鼻子前闻了闻，举起来在镜头前面扬了扬”。寥寥几笔，总书记随和亲民的形象跃然而出。

《“三朵金花”映红春节回家路》是一篇十分独特的“春运报道”，没有干涸的数据、没有生硬的说辞，通过一系列细节的抓取，勾勒出采访对象的工作状态和精神风采。在喧嚣繁忙的春运大场景、铁路职工忘我工作的大背景下，人性的温情和社会的关爱展现得淋漓尽致。

3. 把大主题分化为小协奏

宏大的主题有时会引发部分读者阅读时的心理疏离，适当的分化处理，疏解文章段落承担的叙事和表达，能收到化繁为简之效。

新闻评论《奋力打造先行示范区和现代化强国城市范例 ——写在改革开放 40 周年之际》写作难度大，破题的关键在于“继续先行”“全面发展”“更好示范”三大口号的提出，把深圳市委市政府的战略部署精准地做了分解，既便于论述，又方便传播。行文间，领导的指示、深圳的实践，巧妙地穿插其中，互为呼应，翔实且富韵律地回应了口号的提出，让读者认识到深圳市委市政府的发展战略不是空洞的口号，而是扎实的实践与探索。

《在改革开放新征程续写“深圳奇迹”》是关于深圳经济特区建立的评论。作品巧妙地以总书记的讲话为导引，带出深圳经济特区的系列改革部署与实践。这样的处理，既充分彰显深圳坚决响应以习近平总书记为核心的党中央号召，加快改革开放进程的信心和决心，文字的起承转合又非常自然，论点和材料的结合浑然天成。

4. 把大结构拆解成小单元

信息碎片化时代，长篇大论是大众阅读的天敌。新闻报道结构的合理拆解，既有利于传播，又不失要素的完整。像“庆祝改革开放 40 年——海南日报深圳特区报联合采访行动”系列报道这样的大策划，创作组对报道构想进行合理的分解，既有对施茶村石斛园这样的小切口的深度采访和故事挖掘，也有对海南走在改革开放前列的多规合一建设、领先深海研究的中科院深海科学与工程研究所等宏观方面的呈现，由点及面，层递推进，形成了多层次、多侧面的组合报道，生动而全面地呈现出海南改革开放的成就。

（二）以小博大助推时代发展

作为主流媒体，需要勇于承担社会责任，引领舆论导向，助推时代发展。这份责任的落实，主要是通过新闻作品实现。这就要求新闻作品既要有接地气的呈现，让作品易于大众接纳，同时，又要确保作品符合主流精神和舆论引导要求，实现“小中蕴大”。这一传播愿景，可以通过以小博大，采用小人物大时代、小角度大格局、小切口大深入、小故事大情怀的策略得以实现。

1. 小人物大时代

常言道，树木参天离不开根。关注普通人，才能真正理解时代的精神脉动，看清国家民族这棵参天巨树的生长走势。

《从龙华一线工人到全国人大代表》这篇报道题材选择精妙，

普通人、底层劳动者通过自己的努力也可以当人大代表，折射出时代改变人物命运的主题；《二手追书人》这个视频从社会底层入手，关注个人的命运与情感，关注没落行业的理想与坚守，有人情味、有烟火味，有血有肉，颇有看头。这些小人物在改革开放的氛围中成长，不断用新理念、新知识武装自己，这就将人物命运、个人奋斗与时代机会结合了起来，使普通人物有了大胸怀、大抱负、新风貌。

《深夜食堂既是地道的人间烟火 也是平凡又温情的人生百味》反映了繁华都市中各类人群对最质朴的情感和内心宁静的追求。报道的前景是大学生为其写歌拍 MV 的炒粉阿姨、传承 30 年老店的六旬大妈、收纳“前任礼物”的小酒馆馆主、用有趣故事吸引有趣灵魂的日式料理店店主的人生故事，后景则是城市发展、社会进步的时代趋势，展示了满满的精神正能量。

2. 小角度大格局

以一台投影仪为例，最大投射画面＝投射距离 × 液晶片尺寸 ÷ 最小焦距，就是说，焦距越小，投射出来的画面越大。利用这个原理，在新闻写作上，小角度的表达，只要指向合理、准确，常常可以获得大格局的呈现。比如“庆祝改革开放 40 年——海南日报深圳特区报联合采访行动”系列报道，报道的人物各具特点，很有代表性：王朝返乡发展，体现扶贫激发内生动力；钳工周皓投身深海工程建设，体现工匠精神，家国情怀……这些生动鲜活的呈现，可以拉近阅读心理距离，令读者喜闻乐见之余，透视报道对象的背后，能够感受到国家、社会生气勃勃的发展、欣欣向荣的景象。

《改革开放 40 年深圳发展启示录》看似大题材，相对而言亦可谓以小博大的典范。这篇报道写的是深圳经济特区发展的这个点，却是站在国家发展的更高层面展开叙事，因而折射出的格局自是不凡，营造出雄浑大气的格调。

3. 小切口大深入

精准的切入，纵深的挖掘，能够让受众管中窥豹，看到宏大事件、感受深刻内涵。

《9 岁女孩遍体鳞伤 到底是什么原因？》这篇民生报道，从个案入手，体现了记者的质疑精神、追问精神。记者眼光不仅仅停留在事件的表面，还通过表面去发现本质，不断追问事件的原因，步步深入，并在发现原因之后，试图解决问题，呼唤全社会的关注和帮助。这样的处理，一方面，提高了报道的影响力，扩大了报道的辐射面，另一方面，在实际生活中帮助了被采访对象。这篇报道集中体现了新闻专业主义精神和人文主义精神，深度因而延展。

《戏精女护士爆笑吐槽，看完眼泪都笑出来了》尝试通过对小护士的宣传而化解社会矛盾，构思精巧，切入点准确，演绎风格把握得当，传播路径较为贴近大众。亲和、诙谐、幽默的姿态让人在会意一笑中对护士工作有了更全面深入的了解和理解，进而导引到寻求医患关系的缓解之中，实现理想的传播效果。诚如中宣部阅评所言：表达真实，戳中“痛点”。

4. 小故事大情怀

讲故事是新闻作品提升可读性的重要法宝。不管何种题材、何种样式、何种角度，故事张力的大小，源于其背后呈现的家国情怀、社会情怀、民族情怀、人文情怀的多寡。

作为系列报道之一的《中科院深海科学与工程研究所钳工周皓：为大国深海梦奋斗的“拼命三郎”》，作品里的“80后”小钳工，不满足于个人事业的成功，始终保持着热切的好奇心和学习热情，希望把最先进的科技，运用到国家的深海科考事业上，展现了非一般的精神境界。

《深晚记者跟拍十年记录“重生”故事》这组新闻图片的作者则以十年的坚持，持续跟拍汶川大地震中的1个幸存家庭和4个学生，以逼真的色彩还原、形象感强烈的构图等手段记录他们的“重生”历程。该组图片拍摄摒弃花哨的技巧，以生活化的视角，捕捉、传递人物内心散发的平和、乐观、向上的精神气质，从而使系列图片均具备正向社会价值。

这些作品体现出来的思想力量，显示作者能够清醒而自觉地创作优质新闻作品，从而实现强信心、聚民心、暖人心、筑同心的文化使命、社会担当。

三、大小互变的呈现效果

综上所述，新闻素材的处理和挖掘，概括起来就是“大题小做”“小题大做”。“大题小做”方能实，“小题大做”乃有容——把大题材往小处做，作品内容才能显得扎实；把小题材往大处做，作品内涵才能获得提升。如此大小互变的处理，在呈现上就显出了“曲”的效果：

（一）起伏——节奏的变化

细节的抓取可以改变叙述节奏，起到营造起伏效果的作用。这是节奏变化产生“曲”的意味，也是写作中强调细节重要性的原因之一。

《骑士未必都是“蜀黍” 交警铁骑女神现已上线》节奏推进把握得好，张弛有度，衔接自然，在有限的节目时间里展现了起伏的叙事，有效调动了观众的观影情绪，这主要得益于细节真实、丰富的展示。先是女骑警执法时不讲情面的语态，既真实又很生活化，客观显现警察给人固有的铁面印象；而帮助受困车主时流露的关切，则揭示警察温情的一面，使观众的观感先抑后扬，瞬间转化。

《9 岁女孩遍体鳞伤 到底是什么原因？》这篇报道最大的特点就是细节描述非常充分和恰当，对女孩的伤情，家长的对话、表情、动作，都有细致的刻画，增加了报道的故事性、情节性、起伏性，使整篇报道悬念不止、生动有力。

（二）反差——情形的差异

大题材小叙事，小故事大格局，形态、情绪的差异可以产生“曲”的意味。这在“庆祝改革开放 40 年——海南日报深圳特区报联合采访行动”系列报道中体现得比较明显。该组作品专为庆祝改革开放 40 年以及深圳经济特区建立 38 周年、海南建省办经济特区 30 周年而推出，宏大背景下的切入点巧妙，注重人的故事，以受众的、平民化的视角关注大新闻。文字表现摒弃了大综述，用“讲故事”的方式，从小人物引出鲜活故事，从小切口彰显大主题，从小角度体现大局面。这样的反差，有效拉近了重大时政新闻与受众的心理距离。

《没什么能够阻挡，深圳人对上班的向往》面对“山竹”强台风破坏的场面，却以幽默诙谐的方式展现深圳人对待自然天灾的乐观态度。画面与情绪的反差取得了良好的传播效果和宣传效果。

《“纸”短情长！这是最深情的特区生日告白》体现的是另一形式的反差。在特区生日的重大时刻，独具匠心地推出灵巧精妙的小作品，利用历年特区生日当天的特区报和历史图片的结合，以及快闪、画中画等 H5 技术手段的运用，使作品展现出厚重的历史感和新颖的现代感，不愧是献给深圳经济特区生日的一份富有报业特色的别致礼物。

（三）对比——性质的比较

对比有利于充分显示事物的差异，突出被表现事物的本质特征，加强作品的艺术效果和感染力。这是性质比较产生“曲”的意味。

《从龙华一线工人到全国人大代表》这篇报道题材选择十分精妙，与一般的人大代表报道形成了差异。一般的人大代表报道中，企业家、教育家等成功人士较多，这篇报道反常态行之，攻破了社交媒体中关于人大代表“非富即贵”的谣言，告诉受众：普通人、底层劳动者通过自己的努力也可以当人大代表。对比之下，最显著的效果就是作品得以脱颖而出。

（四）升华——感受的拉升

以小博大所引发的效果，就是作品在不起眼的叙事中，寓意、内涵和价值悄无声息地得到升华，形成一种审美体验的拉升感。这是阅读感受拉升产生“曲”的意味。

《吴向东：用“大学”手法教小学生的特级教师》是一篇采访扎实、写作规范、亮点突出的人物通讯。记者通过典型事例和生动细节，不仅写出了人物的闪光点，还写出了真实性，塑造了一位个性鲜明、特立独行的人民教师形象。假如作品仅停留于此，也就是一篇中规中矩的人物通讯。但作品还透过人物的思想观念，引发了对当下一些教育现象的深入反思，难能可贵，拓展了作品的内涵，提升了报道的价值，使读者的阅读体验和思想认知因而升华，“曲”的意味油然而生。

（本文编辑 刘良龙）

New Communication

采编论见

梁修明

以舆论监督利剑促基层社会治理创新

万 晖

在重大主题活动报道中体现大局意识

——深圳报业集团 2019 年央视春晚深圳分会场报道评析

李若静　张春朗

为传播价值投资理念“导读”

——《证券市场周刊·红周刊》杂志《编者的话》内容特色分析

以舆论监督利剑促基层社会治理创新

□ 梁修明

用好舆论监督利剑、创新基层社会治理是社会主义民主政治的重要内容，是社会主义政治文明进步的重要标志，也是实现国家治理体系和治理能力现代化的重要手段。县市区域报是我国党报序列中最基层的主流媒体，是上传下达、承上启下的神经末梢，是开展舆论监督、创新基层社会治理的重要载体和重要资源。用好舆论监督利剑，创新基层社会治理，营造共建共治共享社会治理格局，县市区域报责任重大，使命光荣。

【关键词】舆论监督 创新 基层 社会治理

"提高保障和改善民生水平，加强和创新社会治理""团结稳定鼓劲、正面宣传为主"，习近平总书记关于加强舆论监督和创新社会治理的论述，为包括县市区域报在内的我国各级各类媒体开展舆论监督、创新基层治理提供了根本遵循，指明了实践路径。用好舆论监督利剑、创新基层社会治理是社会主义民主政治的重要内容，是社会主义政治文明进步的重要标志，也是实现国家治理体系和治理能力现代化的重要手段。县市区域报是我国党报序列中最基层的主流媒体，是上传下达、承上启下的神经末梢，是开展舆论监督，创新基层社会治理的重要载体和重要资源。舆论监督作为基层党报工作的重要组成部分，针砭时弊、激浊扬清，强化引导、凝聚合力，

作者梁修明系深圳报业集团宝安日报社综合办公室副主任

推动工作、改善民生，是新闻工作、群众工作、民生工作，更是基层工作。用好舆论监督利剑，创新基层社会治理，构建共建共治共享社会治理新格局，县市区域报责任重大，使命光荣。

一、舆论监督与基层治理的内涵要义

基于党报媒体所蕴涵的“党和人民的喉舌”的政治属性和大众传播的社会属性，新形势下，用好舆论监督利剑、创新基层社会治理，客观上要求明确两者的内涵要义。

舆论监督也即新闻媒介通过聚焦、揭示、反映现实社会生活中存在的问题，帮助公众了解政府事务、社会事务和公共事务，凝聚广泛社会共识，着眼推动问题解决，并促使其沿着社会法治和公共准则方向有机运行的一种新闻行为方式和基本公共权利。

所谓社会治理，即坚持以人民为中心的发展理念，建立健全完善党委领导、政府负责、社会协同、公众参与、法治保障的社会治理体制机制，以更好地实现共建共治共享的发展模式和目标理念。基层社会治理是党中央治国理政和公众参与国家治理的重要载体和重要方式。从某种意义上来讲，其对社会治理的整体效果、国家宏观政策的实现、国家整体治理水平的提升都有着重要影响。

二、舆论监督与基层治理的现状问题

一个时期以来，县市区域报舆论监督报道日渐式微，舆论监督功能有所弱化。之所以面临如此现状和问题，主要存在五个方面的问题。

一是相较于中央、省级党报媒体，通常县市区域报监督的层级空间窄、报道的区域范围小、舆论的监察督促弱。二是县市区域报运行体制机制对开展舆论监督报道有不同程度的制约和影响。三是个别县市区域报面临经营效益压力，主观客观上过于强调经营效益，导致社会责任意识缺失。四是一些基层单位和部门对于新时代下的舆论监督缺少正确而深刻的认识理解，视舆论监督为“洪水猛兽”，谈“舆论监督”为之色变，导致信息公开不及时，信息发布不规范，舆论引导不妥当，舆论监督不敢做，不想不善不敢与媒体打交道，导致权威信息缺失、宣传教育弱化、舆论监督缺位、舆情引导失控。五是开展舆论监督报道往往要承担一定的压力和风险，由于开展舆论监督报道缺少必要的权益维护和保障，客观上削弱了县市区域报新闻工作者舆论监督报道的积极性、主动性和创造性。

三、舆论监督与基层治理的必然要求

（一）党委政府构建现代治理体系的必然要求

用好舆论监督利剑、创新基层社会治理是实现国家治理体系和治理能力现代化的必然要求，是加强和改进新闻舆论工作、优化基层行政体系运行的重要方式和重要资源。舆论监督是社会主义新闻事业的两大功能之一。当前，改革发展进入攻坚期和深水期，基层治理作为改革的关键环节，面临着更加多元多样多变的环境形势，客观上要求县市区域报更好地发挥舆论监督利剑在深化改革发展、推动工作开展、守望公平正义、维护群众权益等方面的作用意义，不断推动基层治理体系和治理能力现代化。

（二）提升基层党报“四力”的必然要求

县市区域报在用好舆论监督利剑，创新基层社会治理肩负着重要的职责使命。习近平总书记在党的十九大报告中指出：“把党内监督同国家机关监督、民主监督、司法监督、群众监督、舆论监督贯通起来，增强监督合力。”基层党报媒体用好舆论监督利剑，创新基层社会治理关乎人民群众切身利益，关乎监督合力形成，关乎基层治理能力和治理体系现代化构建。

随着移动互联网和数字信息技术的迅猛发展，舆论生态格局变革日趋深刻，传统党报媒体挑战与机遇并存。一方面，传统意义上的党报媒体面临着读者流失、发行量下降、经营收入下滑、人才流失等严峻形势。另一方面，传统党报媒体的权威性、公信力愈发凸显。新形势下，基层党报媒体就要坚持正确舆论导向，坚持正确政治方向，肩负职责使命，强化内容建设，聚焦党委政府关注、人民群众关心、基层党报可为的热点、难点、痛点问题，以客观权威、积极建设、事实精准、典型严谨的精神态度做好舆论监督报道，赢得党委政府信任、人民群众信赖，不断提升基层党报媒体的传播力、引导力、影响力、公信力，为创新基层社会治理提供强大的舆论保障。

（三）维护人民群众合法权益的必然要求

人民群众是历史的创造者。全心全意为人民服务是中国共产党的根本宗旨。用好舆论监督利剑，创新基层社会治理，必须坚持党性和人民性相统一。既要牢牢坚持党对新闻舆论监督工作的领导，又要坚持以人民为中心的发展理念，把党的理论和路线方针政策变成人民群众的自觉行动，及时把人民群众创造的经验和面临的实际情况反映出来，丰富人民精神世界，增强人民精神力量。

用好舆论监督利剑既是保障人民群众行使监督权、知情权的一种重要方式，又是增强人民群众信任感、获得感、幸福感的重要保障。党的十八大以来，以习近平同志为核心的党中央把人民对美好生活的向往作为治国理政的奋斗目标。社会治理，特别是基层社会治理，涉及面广，情况复杂，关注度高，直接关系到广大人民群众的切身利益。用好舆论监督利剑、创新基层社会治理必须坚持以人民为中心的发展理念，构建共建共治共享基层社会治理新格局，倾听民声、反映民意、解决民忧、增进民利。

四、用好舆论监督利剑的基本路径

（一）市民热线，倾听为民

“市民热线”即着眼于倾听民声、反馈民意、解决民忧，创造性地搭建党委政府和市民群众沟通交流的新桥梁。

1. 强化顶层设计建设，不断完善制度保障

在实践探索中，宝安日报从白天热线、晚间热线、定期市民热线接听、转接办法、奖惩措施等五个方面着手，制定了《宝安日报“市民热线”接听管理办法》。宝安区委先后出台了《关于印发〈宝安日报“市民热线”栏目工作方案〉的通知》《关于印发〈“集民意、解民忧、促发展”媒体监督专项行动实施方案〉的通知》等“市民热线”运行管理制度，进一步明确了栏目运行的具体方案、实践路径和机制模式，为其朝着常态化、规范化、制度化的方向发展奠定了坚实的基础。

2. 开展主题专题接听，倾听市民群众心声

倾听社情民意，解决民生问题。每周三定期开展“市民热线”主题接听。组织各部委办局、各街道主要领导参加，第一时间回应市民反映情况，现场解答社区居民反映的问题，着力推动问题解决。围绕中心工作，聚焦社会热点。不定期开展“市民热线”专题接听。紧紧围绕中心工作，深度聚焦社会热点，倾听市民意见，加强舆论引导，凝聚合力共识，推动工作落实。

3. 改革优化拓展职能，创新强化多元保障

强化人员配置，加强跟踪督办。安排记者专职负责24小时热线接听工作，保证“市民热线”全天候正常运行。更新升级市民热线接听室，强化信息技术设备保障。推进热线数据库建设工作，与区相关部门进行数据信息共享，对热线反映问题做好认真细致的接听、登记、梳理、调查、跟踪、报道、反馈。

（二）“声音”栏目，呐喊为民

“声音”栏目是充分发挥基层党报媒体的政治属性和社会属性，以呈现、反映和传达各界声音、形成意见为使命的舆论监督主阵地。

1. 深刻遵循党报属性，有机强化舆论监督

一方面，基层党报蕴含“党和人民的喉舌”的政治属性和大众传播的社会属性。另一方面，“在加强舆论引导的同时，还要重视发挥舆论监督的作用”。在某种程度上来讲，正面宣传不仅仅是为了宣传而进行宣传，舆论监督也不仅仅是为了监督而进行监督，其核心在于有效强化党报媒体与党委政府、市民的黏连度，关键在于成为各级各部门领会上级精神、明确工作思路的重要抓手，重点在于成为关照社会现实、改善民生实事的有效载体。

2. 自觉增强“四个意识”，坚持正确舆论导向

对于基层党报媒体来说，用好舆论监督利剑、创新基层社会治理，既要增强“四个意识”特别是核心意识、看齐意识，又要坚持党性和人民性相统一；既要客观严谨、精准全面报道个别事实，又要从宏观上全局着眼、把握全貌；既要弘扬主旋律、凝聚精气神、激发正能量，又要事实准确、分析客观，激浊扬清、针砭时弊；既要注重吸引力、感染力、传播力，又要增强引导力、影响力、公信力；既要坚持正确政治方向、正确舆论导向，又要注重建设性、积极性、普遍性。

（三）“监督哨”栏目，守望为民

“监督哨”即纪检监察部门、基层党报媒体着眼于创新基层治理、推动民生改善而进行正风肃纪、开展舆论监督的主阵地。

1. 不断强化组织领导，切实增强监督合力

权威性、普遍性、影响力和推动力是舆论监督报道不可或缺的重要因素。宝安日报聚焦基层不作为、慢作为、乱作为问题。“监督哨”栏目提供的问题线索，有关部门积极关注，并视具体情况、具体问题进行核实和调查。实践证明，“监督哨”栏目成为了收

集问题线索、教育党员干部的新平台。

2. 构建编读互动平台，创新内容生产模式

读者（用户）通过宝安日报“家在宝安”微信公众号、QQ 群、市民热线等载体，进行留言、反映问题、表达诉求、提出建议，实际上也成为基层党报内容生产的有机组成部分，比较接近于 UGC（用户生产内容）；而新闻编辑对留言内容进行后期加工整合、提炼把关，又接近于 PGC（专业生产内容）。着眼于增强融合传播，打通网上网下，这类基于用户（读者）的留言、反馈和互动而进行再生产的内容，其话题具有极强的贴近性、普遍性和黏连性，蕴含了媒体社交属性和网络属性，既打通了传统媒体和新兴媒体“两个舆论场”，又兼具了媒体的及时性、互动性、权威性，通常传播力、引导力、影响力、公信力比较好。

五、创新基层社会治理的价值意义

（一）汇聚融合内生力量，锐意推动民生改善

有机融入“声音”版，开展跟踪反馈报道。2015 年宝安日报版面刷新后的“声音”版，得到了各级领导干部的充分肯定，深受市民群众的喜爱。宝安日报进一步创新拓展“市民热线”的运行模式、形式内容、呈现载体、传播渠道等，将“市民热线”有机融入“声音”版，进行全面跟踪报道，赋予其以新的生命和活力，进一步形成舆论监督合力。既促进党委政府和社区居民之间的沟通交流，也有效地推动了市民群众关心问题的解决。

比如宝安日报“市民热线”栏目多次接到市民群众关于西乡街道码头路停车乱象的投诉问题。经过扎实、深入、细致的实地调研采访后，宝安日报推出《民生工程竣工慢 乱象丛生伤民心》系列舆论监督报道，理性客观、逻辑严谨、文图并茂聚焦了码头路改造延期数月未完工、车辆霸占人行道乱停放、人车争道隐患大等问题。报道推出后，当地政府当天便组织交通预联办、工务中心等部门开展综合联动执法整治工作，并督促有关单位拿出加快道路施工方案，减少施工扰民和交通压力。

（二）倾听反映基层民声，畅通民意表达渠道

民声是时代的产物，社会的脉动。倾听民声、反映民声，是时代赋予党和政府的新要求、新趋势、新任务。表达权、参与权是人民群众的一项重要权利，也是创新基层社会治理的重要载体。

2015年7月宝安日报进行报纸版面刷新时，精心推出了“声音”版“民声”栏目，很好地践行了舆论监督的核心要义，其版面定位“在群众议论中找准问题”就是最好的诠释。

围绕倾听反映民声，畅通政情民意这个核心主题，“民声”栏目创造性地形成了辩证统一、直面问题，激浊扬清、针砭时弊，事实准确、重在建设，深入基层、贴近民生，以小见大、强化引导五个方面的鲜明特点，既增强了栏目的传播力、引导力、影响力、公信力，又深受党委政府重视、市民群众关心、社会各界好评。

（三）深度聚焦民生实事，创新基层社会治理

近年来，“声音”版“民声”栏目连续刊发500余期，刊登读者反映的各类问题2000余条，涵盖交通出行、医疗卫生、市容环境、公共安全、经营管理、文化教育等多个方面的民生问题。“民声”栏目所报道反映的问题，百分之百得到有效解决。

“声音”版“民声”栏目的开设有效强化了基层党报与党委政府、市民群众的黏连度，架起了沟通交流的新桥梁，开拓了政情民意上传下达的新渠道，构建了新时代共建共治共享的基层社会治理新格局。2018年3月29日，宝安日报以《1条甘蔗能榨5杯甘蔗汁？原是暗掺污水》为题，率先对甘蔗汁暗掺污水食品安全问题进行聚焦报道，成为深圳市各媒体中首家对此报道的媒体。随后，人民日报微信公众号、深圳广电第一现场等多家媒体跟进报道，推动了食品安全领域违法违规事件的深入整治，增强了市民群众的食品安全意识，开拓了基层社会治理新格局。

（四）深度聚焦重点工作，着力维护民生权益

坚决打赢“创文”攻坚战，争创全国文明城市“五连冠”是2017年深圳市的重点工作之一。2017年“声音”版“监督哨”栏目深度聚焦创文工作，累计推出创文报道160余篇，版面90余个，所开展的系列舆论监督报道均得到有效解决。2017年5月26日，“监督哨”栏目以《管线铺设工地变垃圾坑》为题，对人行道非法开挖进行报道，得到深圳市副市长、宝安区委原书记黄敏同志的高度重视，并两次作出批示。5月31日，着眼于强化宣传引导，树立法律权威，推动创文开展，以《兴华二路管线铺设路段已恢复通行——涉及非法开挖，施工单位负责人被行政拘留》为题，对该舆论监督新闻事件进行跟踪报道，有效维护了民生权益，推动文明城市创建向纵深开展。传

（本文编辑 刘良龙）

在重大主题活动报道中体现大局意识

——深圳报业集团 2019 年央视春晚深圳分会场报道评析

□万 晖

深圳报业集团 2019 年央视春晚深圳分会场报道有四大亮点：一是抽调经验丰富的记者组建报道团队，全程跟进晚会的筹备、联排、录制、演出等环节，及时和充分地展示深圳形象；二是探营央视春晚深圳分会场，突出报道晚会筹备情况和演职人员的辛勤付出，展现甘于吃苦、乐于奉献的深圳春晚精神；三是紧扣改革开放“强起来”的时代主题，采用直播、视频、图片、H5 等形式多平台联推，形成融媒声势，充分展现深圳经济、科技、文化发展成果和城市形象；四是晚会播出后，推出综述、解密、侧记、盘点、观众反响等，彰显深圳“科技春晚”独特魅力，深刻到位，获得网友好评。

【关键词】深圳报业集团 央视春晚深圳分会场 报道

2019 年中央广播电视总台春节联欢晚会在深圳设立分会场，除夕夜为亿万观众奉献了精彩的“深圳七分钟”， 这是广东深圳在全球观众面前的精彩亮相。深圳报业集团各媒体以高度的政治责任感承担起宣传报道任务，按照上级部署要求，在晚会前做好宣传铺垫，在晚会直播阶段掀起报道高潮，在录播阶段深入阐释晚会意义。整组报道传统媒体和新媒体互相配合，线上线下紧密联动，节奏鲜明、内容新颖、亮点突出，为晚会的成功举办营造了良好的舆论氛围。

作者万晖系深圳报业集团新闻业务管理部员工

一、抽调经验丰富的记者组建报道团队，全程跟进晚会的筹备、联排、录制、演出等环节，及时和充分地展示深圳形象

在晚会筹备阶段，中宣部副部长、中央广播电视总台台长慎海雄一行专程赶来深圳，连夜检查春晚深圳分会场并听取情况汇报。他强调要充分利用春晚展现岭南文化特色和时代新风貌，突出深圳科技、时尚、创新的城市气质，营造喜气洋洋、欢乐吉祥的节日氛围，呈现一台成功、精彩、难忘的春晚。

深圳市委常委、宣传部部长李小甘主持召开“2019年央视春晚深圳分会场”领导小组会议时，要求各单位各部门全力以赴，确保晚会圆满举行，办一台成功、精彩、难忘的春晚，在新中国成立70周年、深圳建市40周年之际，充分展现深圳科技、创新、时尚的城市风貌，向世界展示中国改革开放的风采。

深圳报业集团接到任务后多次召开会议布置相关工作，组建了一支特别能战斗的春晚报道团队。前方记者放弃节假日，奔走在节目彩排录制现场和各相关单位之间，记者间分工明确、互相协作，后方编辑通宵达旦做好稿件制作和推送，采编人员优势互补，形成合力，确保采访报道的广度与深度。各报网开设“深圳2019央视春晚分会场”专题，开设“亮点揭秘”“拥抱春天”“观众反响”“幕后保障”“精彩视频”“印象春晚”等多个栏目，对深圳分会场除夕夜精彩的“深圳7分钟”和大年初二亮相的央视春晚深圳分会场完整版《拥抱春天——深圳春节联欢晚会》，提前多角度、多侧面地预告演出的内容、节目单和时间，吸引读者及时观赏节目。对“深圳7分钟”，通过现场探营、导演专访、会场准备情况等反复滚动预热，全方位、多个阶段的持续和高频报道以及快速滚动报道，及时和充分地展示深圳形象。

二、探营央视春晚深圳分会场，突出报道晚会筹备情况和演职人员的辛勤付出，展现甘于吃苦、乐于奉献的深圳春晚精神

按照上级统一部署，深圳报业集团的记者们走进后勤保障部门，深入挖掘台前幕后的故事。

2019年1月16日开始，深圳报业集团各报网及新媒体同时推出“我为春晚做贡献”专题。

深圳特区报刊发《央视春晚深圳分会场各项保障工作有序推进，

深圳特区报
SHENZHEN SPECIAL ZONE DAILY
福田税务去年减免税超300亿元
新时代里拥抱春天 新征程上放飞梦想
社区空地变成景观 园林小品大获好评
市区出行车辆接近百万 东部出现持续车流高峰
青春之城逐梦无限未来
恭祝全市人民 新春快乐 万事如意

2019
A2 要闻
在南海边拥抱最美春天
汪明荃再唱《万水千山总是情》
张靓颖70米高空开唱
“震撼，惊艳，温暖人心！”
青春之城逐梦无限未来
“科技之光”闪耀春晚舞台

电力供应充足可靠确保市民顺利出行》《400 名“红马甲”服务春晚分会场，负责手机保管、座位指引、舞台保障、医疗联络等具体工作》《深圳市公安局交通警察局：两级指挥架构 480 余警力保障交通安全》《市公安消防支队：确保演出及周边区域不冒烟不起火》《通宵加班破解舞台承重荷载难题，市住建局协调多部门奋战 18 天顺利完成春晚舞台搭建》等重要稿件。

深圳商报刊发《福田区城管局严密部署，全力做好春晚服务保障工作——24 小时保障灯光测试和表演》《深圳市交警部门采取系列措施，保障春晚期间交通安全》《消防支队制定详细安保预案，确保春晚分会场万无一失》《市住建局奋战 18 天搭建春晚分会场绚丽舞台》《“电波卫士”全力保障春晚无线电安全》。

深圳晚报刊发《团市委、福田区城管局：全力做好春晚深圳分会场服务保障工作》《交警部门采取系列措施保障央视春晚深圳分会场周边交通安全，480 余名警力保障演出期间市民中心周边道路交通安全》《深圳消防支队：每个电箱都有专人值守保障央视春晚深圳分会场安全》《市住建局等部门和施工单位展现“深圳速度”“深圳质量”，18 天日夜奋战搭起春晚深圳分会场舞台》等稿件。

晶报刊发《400 名春晚分会场志愿者一下就招募齐了》《市交警部门两级指挥架构保障春晚期间交通安全》《福田区城管局检测 43 栋楼宇保障演出效果》《深圳消防支队：专人值守保安全》等稿件。

深圳商报
春晚深圳分会场 4K内容5G传输 测试成功
BRIEF
水质持续改善 深圳美景频现
去年新能源车补贴标准发布
龙岗鲜活经验引领城市更新
基建异军突起 引领春季行情
无感支付车道 全省2200条
央视动漫孵化基地落户深圳
未来登月采矿或将成为现实
让深圳更具魅力活力动力和创新力

今日关注
"拥抱春天"尽展深圳之美
这些"黑科技"都是"深圳造"
"深圳7分钟"释放改革开放四十年魅力

深圳新闻网推出《用18天在市民中心广场搭出春晚深圳会场舞台，他们经历了什么？》，以独家视角进入舞台搭建现场，亲历舞台从无到有的过程，为读者呈现了从不了解的幕后故事。

其中，深圳特区报的《“排练很累，但没一个人喊苦”春晚分会场参演学生克服困难全情投入排练》等稿件，深圳商报的《深外小演员刻苦排练迎春晚》等稿件，读特的《春晚深圳分会场幕后揭秘：学霸也跳舞！深圳1036名师生将亮相春晚》（阅读总量16万+）等稿件，深圳晚报的《深晚记者探班2019年央视春晚深圳分会场参演团队深高舞蹈团高强度训练积极备演》等稿件，展示了深圳学子的青春与活力，更体现了甘于吃苦、乐于奉献的精神。

整组专题报道反映了深圳各界包括导演团队、参演团体和保障单位闻鸡起舞、日夜兼程、风雨无阻，只为努力奉献一场成功、精彩、难忘的深圳春晚的精神。

三、紧扣改革开放“强起来”的时代主题，采用直播、视频、图片、H5等形式多平台联推，形成融媒声势，充分展现深圳经济、科技、文化发展成果和城市形象

科技与艺术的完美融合，成深圳春晚最大的亮点。云轨、无人机、柔性屏、机械臂、跳舞机器人、扑翼飞行器等高科技元素与艺术完美融合，凸显深圳创新创意之都的风采。为了宣传报道好这一

"2019年央视春晚深圳分会场"领导小组会议举行

展示深圳风貌风采

办一台成功精彩难忘的春晚

我为春晚作贡献

深圳新闻界举行表彰座谈会

43位优秀新闻从业人员和29件优秀新闻作品受表彰奖励

鹏城新春关爱温暖中建南方工地工友

《深圳市博士后资助资金管理办法》出台

大浪举办来深建设者新春慰问活动

深晚记者探班2019年央视春晚深圳分会场参演团队

深高舞蹈团高强度训练积极备演

我为春晚作贡献

春节前深圳火车站加开21趟临客列车

春运部分日期，广深城际动车组列车将全部在广州东始发终到

受92号汽油最高零售价格上调影响

明起深圳出租车燃油附加费涨至两元

深圳高尔夫俱乐部球场唯一《房地产证》被注销

沙河西路与西部通道侧接线东行隧道开通

从沿江高速东行可连接市政路网

场充满现代感和未来感的晚会，深圳报业集团各报网端紧扣改革开放"强起来"的时代主题和浓厚的广东元素、人文情怀，结合央视春晚总体情况，第一时间全网推送现场稿件、观众热评，展现春晚4K+5G+AR+VR技术，通过读特、读创客户端，官方微博微信及网易、ZAKER、抖音等平台扩大影响力，突出展现深圳分会场展示的岭南文化、深圳科技等亮点。对重点稿件，读特、读创客户端，各报网两微同时联推，形成融媒声势。

读特客户端推出了《深圳春晚侧记 | 光影作画，科技 + 文艺碰撞出炫丽火花！》（阅读总量124万 +）、《2019深圳春晚 # 放大招！张靓颖70米高空真唱》（阅读总量120万 +）、《剧透 | 年初二深圳 < 拥抱春天 >！张靓颖70米高空开唱》（阅读量100w+）、《今宵难忘！央视春晚深圳分会场绽放"精彩七分钟"》（阅读量总30万 +）、《视频 | 坐在书记市长中间看春晚的"快递小哥"是谁？》（阅读总量10万 +）、《直播 | "拥抱春天"2019年深圳春节联欢晚会》（阅读总量27.7万 +）、《深圳骄傲！市民网友大赞春晚"深圳七分钟"》（阅读量总10万 +）等多篇阅读量较高的稿件。读创客户端推出《国内首次！张靓颖挑战70米高空震撼开唱！》稿件，阅读量119万 +，转赞评量500+。上述稿件对晚会亮点、幕后细节、网友热议话题进行解读，吸引了读者的关注。

深圳晚报在抖音、微视平台推出视频《央视春晚深圳分会场——

晶報

5G网传输"4K春晚"

我国首次成功实现4K超高清电视5G网络传输测试，北京深圳信号成功互传

08 新闻+

为春晚作贡献

"2019年央视春晚深圳分会场"领导小组会议举行
展示深圳风貌风采 办一台成功精彩难忘的春晚

准确 及时 创新 奉献

相关新闻 | 市气象局启动立体观测 逐小时精细预报保障春晚

04 要闻

央视春晚深圳分会场进入倒计时
确保分会场成功精彩难忘

春晚主持人"揭开面纱"

晶报APP 全线试运营

深晚直击》专题，发稿18条，阅读量350万，粉丝量猛增。深圳网易、深圳ZAKER开设深圳晚报春晚专题，共发稿58篇，总阅读量70多万。截至2月12日，晶报APP总计发布春晚相关新闻80余条，制作相关视频24条，总计阅览量破百万；晶报公众号发布5条春晚相关新闻，阅读量破万；其中初二预热春晚深圳完整版阶段的微博话题"晶报全媒体之印象春晚"阅读量达到72.2万。

深圳新闻网2月6日滚图编发"央视春晚深圳分会场完整版今晚播出，六大亮点值得期待！"并附节目单，头条发布"天地为幕光影作画美呆了！春晚深圳分会场完整版带你'拥抱春天'"提前为深圳春晚预热，共编发2019央视春晚分会场7分钟和2019深圳春晚相关稿件76篇，总点击量近260万次，两微共编发相关稿件23篇，阅读量96万次。

四、晚会播出后，推出综述、解密、侧记、盘点、观众反响等，彰显深圳"科技春晚"独特魅力，深刻到位，获得网友好评

晚会播出后，高科技元素也成为观众和网友热议的话题，许多人的朋友圈都被"深圳"刷屏。

2月7日，深圳特区报刊发通讯《"科技之光"闪耀春晚舞台——揭秘春晚酷炫高新技术手段》，被许多人转发；2月11日，深圳特

区报发表综述文章《看见未来的模样！2019，我们的春晚烙下“深圳印记”》，被人民网等多家媒体转载。

读特客户端跟进推出“春晚解密”专栏，刊发《“五彩凤凰”闪亮“深圳7分钟”，原来是从这里飞出》《梦幻“未来之城”是怎么造出来的？奥秘就在这些光影里》等稿件，推出视频《绚烂的“科技春晚”，盘点春晚舞台的“黑科技”！》获得高关注度。

张靓颖70米高空真唱《我的梦》成为市民关注的热点，各媒体不遗余力地将晚会导演组的全新创意、传递的精神剖析透彻，使之成为点击和转发的爆款。

深圳商报及读创客户端推出近十篇“深圳春晚幕后故事”系列报道，讲述至今仍让人回味的幕后故事，专访春晚深圳分会场执行导演夏枫，宣传深圳智造等，内容丰富可读。同时重点突出改革开放“强起来”的时代主题，对高科技企业及其产品做重点报道。

深圳晚报推出《炫酷刷屏！春晚深圳分会场完整版带你“拥抱春天”》等重要稿件。

晶报推出主创解读春晚系列、节目解读系列、幕后故事系列、晶报评论系列、记者侧记系列等原创高质量文章和视频内容。

深圳新闻网采访受邀到现场观看深圳春晚的行业代表，用普通市民的角度，讲述这台意义非凡的晚会。

多方努力下，深圳春晚创下了多个晚会之最——央视春晚在深圳首次实现4K超高清视频内容的5G传输；国内数量最多、规模最大的舞台显示屏；全国翼展最大、飞行时间最长、载荷能力最大的扑翼飞行机器人；甚至导演组在平安大厦上巧妙设计的667米节目单，都是晚会的一大创举。

近两个月的时间里，深圳报业集团各媒体在时间紧、任务重、责任大的情况下克服困难、通力合作进行报道，展现了深圳人“城市主人翁”的自信姿态，也展现了党媒集团的大局意识和应有的责任与担当。

（本文编辑 刘良龙）

为传播价值投资理念“导读”

——《证券市场周刊·红周刊》杂志《编者的话》内容特色分析

□ 李若静　张春朗

《证券市场周刊·红周刊》杂志《编者的话》每期数百字，简洁明了地表达出杂志的主旨和内容特色，让读者快速地了解每期杂志的主要内容，以及杂志所要表达的意见、见解，进而感知和分析当下的股票市场现状及其运转的规律与特点。

【关键词】编者的话　内容特色　分析

《证券市场周刊·红周刊》（以下简称《红周刊》）从2017年最后一期（2017年12月30日第49期，总第2357期）开始，在卷首位置开辟出作为杂志导语的《编者的话》，以简短的数百字为读者进行本期杂志的导读。一年多来，该杂志坚持每期推出《编者的话》，到2019年2月共计有50余篇面世。本文以一年多来《红周刊》杂志《编者的话》作为研究对象，分析50余篇《编者的话》所呈现的特点，发掘《红周刊》以价值投资为主线的刊物定位和内容特色，领略当前证券市场的运行规律和投资智慧，共同寻找价值投资的时机和目标。

作者李若静系江西财经大学国际金融专业学生；张春朗系深圳广电集团总编办副主任兼博士后工作站负责人，博士、研究员

一、以价值投资为主线

2017 年 12 月 30 日，《红周刊》杂志《编者的话》开篇之作——《新一年，新面貌，新使命》便明确写道："当下 A 股的生态正在发生质变，价值投资正成为市场主流。改版后的《红周刊》，将以基本面为导向，高举价值投资大旗。"[①]开篇便明确，今后的杂志将以价值投资为主线展开，这是股市投资的一股清流。

编者认为，对于现金流窘迫，朝不保夕，用金融杠杆续命的差业绩上市公司，无论沾染上多么火爆的题材，都不应该被重视，因为他们没有核心竞争力而依赖于债务发展且有债务违约风险，很少有机会能为投资者带来收益和财富。[②]相反，价值投资认为，在投资者长期投资的过程中，抓住绩优股、白马股和成长股，与这些公司一起成长，分享这些公司发展带来的红利和收益，才是正确的股市投资之道。杂志《编者的话》一直的基调也在于此，呼吁大家平和心态，长期打算，投资价值股、蓝筹股、成长股，投资能让人们看到希望的股票。比如，编者认为，投资仅靠炒作热度吸引投资者眼球却尚未取得实质性业务进展的概念题材股票，像是一局没有赢面的傻瓜式博弈，比如在乐视网、保千里的跌停板中，仍然有投资者判断低点后重金杀入，最后损失惨重。[③]从实际情况来分析，这些脱离基本面炒作的股票在热度消退时最终会回到它们的实际价值水平，没有良好的企业基本面作为支撑，它们不具有持续的成长潜力，长期投资价值不高，甚至给投资者带来损失。因此投资者应当坚守价值投资的准则，寻觅低估绩优股，在它们低价时入手，静待市场好转。

杂志在《春播季，守原点》中鼓励安守低估和业绩的原点：虽然 A 股市场仍然是不成熟的新兴市场，有时也会出现偏差行情，有些反弹完全是政策刺激和超跌所致，但其内在逻辑依然是概念炒作而非业绩向好，这样很难有好的收获。[④]如果热点行情来临时投资者经不住 K 线诱惑，头脑一热，冲进乐视这样的公司去傻搏，大概率会成为炮灰。[⑤]只有通过分析公司内在价值的分析与捕捉，才能获取长期良好可靠的回报。

在 2018 年最后一期《眺望 2019》中，编者在分析 2018 年股市动荡的种种市场因素后，总结了全年《编者的话》的内容和逻辑——价值投资，并希望投资者把握2018的低谷所带来的机遇，学会等待和忍耐并且坚持寻找价值型和成长型的优质投资标的。⑥

纵观《红周刊》一年多来50余篇《编者的话》，基本上每一篇都是在价值投资的主线下展开，虽然有的没有明确在字面上提出“价值投资”这四个字，但文章在内容上均体现着这一理念。比如，《生活与投资相得益彰》《遇见非凡价值》《入场拾金》《像种子一样等待》等文章从正面呼吁和论述价值投资；而在《K线藏妖》《追溯市场大跌成因》《燃眉急与长远之策》《别跟垃圾股一起疯》《“躺赢”别“躺枪”》等文章则对不符合价值投资的行为进行了描述和批判，从正反两方面体现了该刊物提倡的价值投资理念。

值得一提的是，即使是在杂志招聘主笔的广告中“价值投资”也得到了充分的体现，比如杂志2018年第35期招聘主笔广告要求的“基本面方向”第一条即列出：“价值投资拥趸，并以价值投资作为终身信仰。”⑦，于此印证该杂志《编者的话》所提倡价值投资不为虚言，这也正是该杂志的精髓所在。

二、以热点事件为载体

为了能够戳中投资者关注点，《红周刊》大多数《编者的话》都以本周热点实事开头。但是与炒作新闻制造噱头，使投资者坐立难安的网络媒体报道不同，《编者的话》更像是一股沁人心脾的清流，让投资者安心释然地看待市场波动的规律，从热点实事引发的市场动荡中，以不变应万变，伺机而入市场。

在2018年，编者谈论到数十个热点时事，包括：美联储加息，中美贸易摩擦，金融对外开放，独角兽风波，上证50新低，巴菲特股东大会，新兴市场国家货币剧烈贬值，沪指跌破3000点，金融去杠杆，经济结构调整，企业债务危机，腾讯阿里小游戏潮流，A股纳入国际指数，等等。

编者在《恐惧还是贪婪》中提到中美贸易摩擦对中美股市的影响，认为受中美贸易摩擦的扰动，两国股市指数在2018年3月底都应声下跌，个股也少不了受牵连，很多投资者难免慌了阵脚，但编者认为投资者大可不必受这种恐慌情绪影响，中美贸易摩擦将仅仅是证券市场历史长河里的一朵浪花，好公司的价值和分量都是靠时间增值显现的。[8]读后让人释然，中美贸易摩擦当然对现时股市影响巨大，但从长期来看，它把好企业的股票价格拉低，说不定还是买入好公司股票的机会呢！

金融业对外开放也是我国证券市场发展的新进程。在《乌云渐散》中，编者提到在博鳌论坛上，我国宣布了金融业对外开放政策，引发市场波动，大多数投资者将此作为利空消息来解读，编者对此展开讨论，对金融开放的负面影响持有保守意见，并进行了更为深入的解读。[9]

又比如，新经济也是股民们一直关注的热点。《战略布局新经济》里面，编者便提到了新经济的发展和潜能，科技改变了我们的生活，新经济的兴起，无疑给广大投资者们带来新的机会。[10]文中提到，美团将外卖带入人们生活，改变当代年轻人的传统饮食方式；滴滴为用户提供快车、拼车、顺风车预约，改变了人们的出行方式；小黄车秉承绿色出行的理念，带火了共享经济……越来越多的新经济公司进驻A股市场，引发了不小的投资热潮。[11]

综上，一个个热点事件就像是一颗颗珍珠，而价值投资的理念则像是一根金线将这些热点事件串成项链；或一个个热点事件就像是一颗颗葡萄，而价值投资理念则像是连接果实的茎梗。热点事件和价值理念相结合便形成了一串串好看的项链和诱人的葡萄。

三、以宏观角度来分析

《红周刊》杂志目光不局限在国内，而是站在全球角度分析整个股市的起落以及A股在国际舞台上扮演的角色。在《向美股看齐》《追溯市场大跌成因》《小米上市之所见》《为A股注入长牛基因》《A股国际化提速》中，编者将A股市场作为评述对象，站在国际化的宏观角度进行分析。分析起点高，分析角度既宏观又细致。

自20世纪90年代成立以来，A股成长迅速，目前已成为全球第二大股票市场，但是与欧美市场相比，A股仍有很多需要完善与改进的地方。《红周刊》曾多次对比A股与美股的不同特色，并指出A股市场需要学习和完善的方向。这些给广大投资者提供了国际化的视野，让投资者对国际市场有所了解，也使投资者对A股市场的“游戏规则”有了更加清楚和客观的认识。

2018年年中，在A股持续下跌至2700点，市场信心大幅受挫时，编者在《追溯市场大跌成因》中反思并深入探究市场下跌成因，同样被中美贸易摩擦和加息困扰的美股市场在延续10年的牛市，而A股市场牛短熊长，究其原因，是因为两个市场发展程度不同，开放程度不同导致，中国股市的首要目是配置资源，鼓励企业从股市中融资，股市就是一个融资市场。[12]而美国股市，其首要目的是服务股东，以股东利益为重，使融资和投资达到最佳平衡状态，而且美国上市公司持续回购股票并注销，减少市场中的流通股份，营造了一个缩容市场，以此回报股东。[13]

此外，编者也将A股市场与港股市场进行了对比。独角兽概念股小米在港交所以543亿美元成功上市，仅为最初估计市值的一半，小米的最终上市市值可以看作资本市场对小米价值真实客观的评估，而港交所的制度和服务无疑是促使小米价值回归的重大因素。[14]编者分析指出，A股市场对独角兽和新经济总持有火热的态度，投资者只要听闻到这些名词便蜂拥而至，踊跃认购，导致估值脱离公司基本面虚高，创造了无风险套利的条件，这是A股市场需要反思的。[15]

四、以前瞻眼光来观察

股市的一个很大特点是“有规律可总结，但无规律可运用”。作为《红周刊》的导语，《编者的话》建立在理性和逻辑的基础上，分析股市日后的发展走势，对市场动态具有敏锐的感知及一定的前瞻性预测。对于大多数没有专门的证券投资知识的投资者来说，他们并不能投入大量时间关注股市行情，也不能够准确判断股市走势。《编者的话》就像茫茫股市大海里的导航，为迷茫的投资者预测哪一段有冰山或阻碍物堵塞难以前进，因此避开，哪一段可以畅通无阻，所以我们就选择并且一直前行。

在2018年年初A股市场受美股影响大跌，投资者动荡不安不知所措的时候，编者以《机会重现》为标题，阐述自己对股市当前现状以及今后发展的不同见解，与世间万物一样，市场的每一次起落都有它的内在逻辑，而股市的下跌就像四季轮回的冬天一样，终会回到春天，可与冬天不同的是，股市的下跌除了寒冷，还涌现了许多机会。⑯

在沪指又跌破3000点进入“2”时代，各大指数创新低时，编者也并未将此看成市场的非理性宣泄，而是深入分析原因，为投资者的下一步出谋划策：投资者必须清楚的认识到“2”时代并非偶然，也不单纯是一场股市的灾难，市场涨跌的核心逻辑是估值回归，而在A股市场中很多个股却支撑不起业绩，它们本来就属于“2”时代，这才是理性正确的估值。⑰另外，沪指跌破3000点带来的也是收益格局重塑的战略性契机，编者鼓励投资者在低点发现机遇，比如银行破净股和具有优秀基本面的龙头股在此时都是不错的投资标的。⑱而在2018年年底，编者先后在《备战春天》《洞察12月先机》和《“寒流”之下》等多篇文章中分析了A股市场蕴含的多种利好，建议投资者逢低进入，耐心等待。

《编者的话》像是一剂镇定剂，在许多人哭着割肉说要逃离股市的时候，让他们明白这只是市场的周期调节，一次向上长跑中的喘气。因为，世界经济复苏的趋势没有改变，国内经济形势没有改变，而且国内外知名龙头绩优公司的业绩和基本面也没有变。⑲此时，投资者应该继续发掘那些低估绩优的股票，从低点买入，和市场一起迎接春天的到来。

丰富的专业意见以及与大众传媒不同的股市分析与预测是《红周刊》杂志《编者的话》一大特色，普通投资者所不具有的独到的前瞻性正是《编者的话》的魅力和价值所在。当市场波动的时候，一次跌停和波动就可以影响到投资者的心态和情绪，许多人可能为了止损快速撤退，也可能对之前购入大热的概念股依依不舍，或面临机会而猛犹豫不决。《编者的话》往往有着其独到的见解，为广大投资者指出市场显露出的机遇，鼓励投资者秉承价值投资的原则，以不变应万变，不畏惧市场波动，大胆入场，坚持持有。

五、以通俗语言来行文

与金融机构专业的行业研究报告不同，《红周刊》杂志《编者的话》具有极高的可读性，编者基本不用抽象的证券技术分析指标或是专业术语，也很少使用大量的市场数据佐证观点。相反，编者的话喜欢用贴近我们生活的小事来阐述投资的机遇与智慧，即使是从来没有接触过证券投资的门外汉也不会觉得难以理解。

编者在《生活与投资相得益彰》中就用非常浅显易懂的例子阐述投资的真谛。编者特意指出收购了可口可乐、DQ冰淇淋、箭牌口香糖、亨氏食品、百威啤酒等众多食物品牌的股神巴菲特，他收购这些公司的标准仅仅因为自己是那些公司产品的忠诚消费者，作为普通消费者，他的生活离不开这些品牌的食物，所以他发现了这些品牌的价值并投资，最后赚取了一笔巨大的收益。[20]生活与投资就是这样紧密不分，那些我们熟悉的品牌大多也都是资本市场的白马龙头，比如酒类的茅台、五粮液，牛奶饮品里的伊利、蒙牛，医药类的恒瑞医药、片仔癀，手机里的苹果等等。但是我们在消费和使用时是否会想到投资这些股票呢？

又比如，在《小游戏撬动大市场》中，编者便提到风靡一时的爆款小游戏“跳一跳”以及与它相似的“海盗来了”，文章认为，这些小游戏以其简单易上手、休闲益智且方便随时登入等特性获得十分庞大的玩家群体。[21]从这篇文章的标题我们就可以看出，文章运用对比的手法，以“小游戏”对衬“大市场”，文笔通俗，平易近人，毫无故作高深之感，让非证券金融专业人员也能够完全看懂、理解，且留下深刻的影响。

《编者的话》即使有时探讨严肃的经济问题，也注意贴近日常生活，内容丰富有趣，努力做到不乏味，让读者读之有味，反复体会、感悟，以达到读者不忍放下的目的。编者写出贴近生活的现象意在启迪投资者商业机遇和投资机会，有需求才会有市场，而需求永远是贴近生活的，只有在乎生活，感受生活，投资者才能成功发现价值。善于从投资者熟知的生活小事入手，阐述投资心得和观念，大大增强了《编者的话》的可读性，也是其魅力所在。

一年多来，《红周刊》杂志《编者的话》围绕价值运转规律的主线，站在国际化的视角，分析市场热点时事政策以及变化动态，为投资者出谋划策，为国内证券市场的完善发展提供参考性意见。《编者的话》作为每期红周刊的导语，秉持“站得高，望得远，坚守价值”的态度，以“影响机构投资者，服务个人投资者”（见刊物封三或封底）为目的，其内容贴近投资者生活又富含证券市场的内在逻辑与投资智慧，为《红周刊》吸引了大量的忠实读者，实为杂志的一大亮点。

▲本文系2018广东省广播影视青年创新人才项目《融媒时代上市公司与证券报道内容研究》的阶段性成果

（本文编辑 刘良龙）

注释

① 《红周刊》编辑部．新一年，新面貌，新使命【J】．红周刊，2017(49).
② 《红周刊》编辑部．不死黑天鹅【J】．红周刊，2018(17).
③ 《红周刊》编辑部．别犹豫，跟着主流走【J】．红周刊，2018(05).
④ 《红周刊》编辑部．春播季，守原点【J】．红周刊，2018(07).
⑤ 《红周刊》编辑部． K线藏妖【J】．红周刊，2018(09).
⑥ 《红周刊》编辑部．眺望2019【J】．红周刊，2018(48)。
⑦ 《红周刊》编辑部．新一年，新面貌，新使命【J】．红周刊，2017(49).
⑧ 《红周刊》编辑部．恐惧，还是贪婪【J】．红周刊，2018(10).
⑨ 《红周刊》编辑部．乌云渐散【J】．红周刊，2018(12).
⑩ 《红周刊》编辑部．战略布局新经济【J】．红周刊，2018(33).
⑪ 《红周刊》编辑部．战略布局新经济【J】．红周刊，2018(33).
⑫ 《红周刊》编辑部．追溯市场大跌成因【J】．红周刊，2018(23).
⑬ 《红周刊》编辑部．为A股注入长牛基因【J】．红周刊，2018(31).
⑭ 《红周刊》编辑部．小米上市之所见【J】．红周刊，2018(25).
⑮ 《红周刊》编辑部．小米上市之所见【J】．红周刊，2018(25)。
⑯ 《红周刊》编辑部．机会重现【J】．红周刊，2018(06).
⑰ 《红周刊》编辑部．认清“2”时代格局【J】．红周刊，2018(22).
⑱ 《红周刊》编辑部．入场拾金【J】．红周刊，2018(21).
⑲ 《红周刊》编辑部．机会重现【J】．红周刊，2018(06).
⑳ 《红周刊》编辑部．生活与投资相得益彰【J】．红周刊，2018(3).
㉑ 《红周刊》编辑部．小游戏撬动大市场【J】．红周刊，2018(26).

New Communication

广电视听

汪苏华

试论我国广播融媒体的现状及发展路径

周思明

用中华传统经典文化滋养受众心灵

——评央视大型文化综艺节目系列

试论我国广播融媒体的现状及发展路径

□ 汪苏华

广播融媒体是依托广播母体，运用现代网络技术，融合多种媒体形态而形成的新型媒体，具有传播内容更为丰富多彩、传播技术更为先进、传播效果更为优良等优势。我国广播融媒体经过几年发展，取得了一定成绩，但仍然处于探索阶段。其发展路径，主要体现在坚持走与自家创办的新媒体相融合之路、充分发挥声音的作用、坚持“内容为王”原则、下气力培养一批名广播节目主持人等方面。

【关键词】媒体融合 广播融媒体 传播优势 现状 发展途径

2019年1月25日，中共中央总书记习近平在十九届中央政治局就全媒体时代和媒体融合发展举行第十二次集体学习时发表的重要讲话中指出，推动媒体融合发展、建设全媒体成为我们面临的一项紧迫课题。要运用信息革命成果，推动媒体融合向纵深发展，做大做强主流舆论，巩固全党全国人民团结奋斗的共同思想基础，为实现“两个一百年”奋斗目标、实现中华民族伟大复兴的中国梦提供强大精神力量和舆论支持。

目前，我国各类传播媒介都开始走上融合之路，但不同媒介的融合途径又不尽相同。本文旨在探讨依托于传统广播“母体”的广播融媒体的发展现状及路径，以求教于同人。

作者汪苏华系中山大学南方学院副教授

一、广播融媒体的内涵及优势

"媒介融合"的概念最早由美国麻省理工学院伊契尔·索勒·普尔(Ithiel De Sola Pool)教授提出。他在1983年出版的《自由的科技》一书中，提出了"传播形态融合"问题，认为数码电子科技的发展导致泾渭分明的传播形态聚合，如报业、广电业、电信的边界将慢慢消失，各种媒介呈现出功能一体化的趋势。后来，美国新闻学会媒介研究中心主任安德鲁·纳齐森(Andrew Nachison)将"媒介融合"定义为"印刷的、音频的、视频的、互动性数字媒体组织之间的战略的、操作的、文化的联盟"。[①]部分国内外学者还探讨了媒介融合的形态问题。美国西北大学教授李奇·高登将在美国存在的媒介融合形态归纳为五种类型：所有权融合、策略性融合、结构性融合、信息采集融合和新闻叙事或表达融合。我国复旦大学新闻学院孟建、赵元珂等学者，则将目前我国新闻业界的媒介融合形态归纳为两种：一是在传媒业界跨领域的整合与并购(即所有权融合)，并藉此组建大型的跨媒介传媒集团；二是媒介技术的融合(即信息采集融合)，将新的媒介技术与旧的媒介技术联系起来，形成新的传播手段，甚至是全新的媒介形态。[②]但不论是哪种媒介形态，都属于融媒体的范畴。

"融媒体"是运用现代网络技术、融合多种媒体形态而形成的新型媒体的总称。依据其"母体"的差异，"融媒体"又可细分为报业融媒体、广播融媒体、电视融媒体、网络融媒体等几种。无论何种融媒体，都是充分利用互联网、移动互联网等现代传输网络和大数据、云计算、数据库等数据处理技术，把报纸、广播、电视、网络等既有共性又存在差异的不同媒体，在人力、内容、宣传等方面进行全面整合，实现"资源通融、内容兼融、宣传互融、利益共融"。

依此说来，广播融媒体就是依托广播"母体"，运用现代网络技术，融合多种媒体形态而形成的新型媒体。它既具有广播迅疾便捷的优点，又具有电视立体直观、报纸保存性强携带方便、互联网"四个无限"(无限空间、无限时间、无限作者、无限受众)的特点。正如中国人民大学新闻学院彭兰教授在《媒介融合方向下的四个关键变革》一文中所指出的："从总体上看，融媒体不再是单一落点、单一形态、单一平台的，而是在多平台上进行多落点、多形态的传播。"

与传统广播媒介相比，广播融媒体具有以下几方面的明显优势。

(一)传播内容更为丰富多彩

传统广播媒介主要依靠本单位采编播人员采制的各类信息进行

传播，所传播信息的量与质都受到限制，不能完全满足受众的需要。而在融媒体条件下，各类公共媒体与自媒体形成了一个媒体融合的生态圈。这个生态圈以内容为核心，将广播、电视、网络、报纸等公共媒体及微信、微博等自媒体聚合起来，不仅极大地丰富了传播内容，而且使优质内容得到更为广泛的传播，使内容的价值和影响得到明显提升。

（二）传播技术更为先进

传统广播依靠无线电中波或短波进行传播，传播符号单一，传输距离和效果都受到限制。广播融媒体则运用互联网、移动互联网等现代传输网络进行传播，并将大数据、云计算、数据库等新技术全面运用于广播全媒体采编平台，为充分整合内容资源，打造优质节目内容提供了技术支撑；将4G传输、流媒体传输、移动直播等融合传播技术运用于信息传播，大大提升了信息传播的效率和稳定性；将VR（虚拟现实）、AR（增强现实）、3D、H5等技术运用于节目制作之中，进一步丰富了节目内容的表现形式，增强了信息呈现的质量和冲击力。

（三）传播队伍更为壮观

传统广播往往只能依靠自身的采编播控人员进行信息传播，由于人员的数量和水平有限，所传播信息的数量和质量自然有限。广播融媒体则可把报纸、广播、电视、网络等不同媒体的人力和传播内容进行整合，实现资源共享、内容兼融，不仅有效地扩大了广播节目的信息来源，而且极大地壮大了广播传播人员的队伍，节约了大量的人力资源。

（四）传播效果更为优良

传统广播仅仅依靠声音为媒介进行传播，且只能进行单向传播，传播效果不能不受到影响。广播融媒体则可将广播、电视、报纸、网络的传播媒介聚合于一身，运用声音、图像、文字、图表等符号传播信息，做到声音、图像、文字并茂，既能听，又可视。同时，广播融媒体还可发挥网络传播的优势，在广播节目播出过程中，加入“摇一摇”“扫码关注”等互动环节，及时与受众互动，增强节目的互动性和感染力。其优良传播效果不言而喻。

二、我国广播融媒体的发展现状

我国广播融媒体的发展尽管近年来才起步，但广播媒体对于走媒体融合之路的探索，却在十多年前已经开始。2000年以来，随着互联网的日益普及和广泛运用，我国各级广播媒体看到其广阔发展前景，纷纷搭乘互联网快车，改变传播方式，优化传播环境，细化传播内容，调整传受关系，以求与网络媒体融合。2003 年前后，从中央到地方的各级广播电台，都先后确立了专业化办台的思路，创办了新闻、交通、音乐、农村等专业化广播，并积极探索台网互动模式，创办网络电台。经过 10 多年的探索与发展，这些网络电台大都演变为现今各地的网络广播电视台，成为以听众为核心、以节目为主体的全新广播媒介。近年来，随着移动互联网时代的到来，各级广播媒介运用媒介传播新技术，相继推出了内容丰富、形式多样的广播手机 APP，为受众收听广播提供方便；同时，增设微信、微博等自媒体传播手段，方便受众参与，增强广播节目的互动性。这些有益的探索，为建立广播融媒体创造了条件，提供了经验。

我国广播融媒体建设真正迈开步伐，则是在 2014 年下半年媒体融合进入中央顶层设计之后。这年 8 月 18 日，在中央全面深化改革领导小组第四次会议上，习近平总书记总结了世界媒体融合的理论与实践，并结合我国实际，指出要强化互联网思维，推动传统媒体和新兴媒体融合发展，提出："推动传统媒体和新兴媒体在内容、渠道、平台、经营、管理等方面的深度融合。"2014 年中央全面深化改革领导小组第四次会议审议通过了《关于推动传统媒体和新兴媒体融合发展的指导意见》，对新形势下如何推动媒体融合发展提出了明确要求，做出了具体部署。在这一重要部署指引下，媒体融合正式步入快车道。因此，2014 年被称为我国"媒体融合元年"。[③]

2014 年下半年以来，我国各级广播电台都开始了探索创建广播融媒体的实践。各台的探索途径尽管不完全相同，但都取得了一定效果。其中，有投入巨资打造全新融媒体生产平台的，如：上海人民广播电台历时两年、耗资数千万打造出全新融媒体生产平台——@Radio。该生产平台可以在同一个平台内实现多信源采集、多媒体编辑和多平台分发，编辑可根据需要在云端里任意摘取不同内容，加工后按照各个媒体的特性予以持续发布，满足不同受众的需求。[④] 有从多方面入手同移动互联网进行深度融合的，如：广东人民广播电台实施"广播+"战略，主动从内容、渠道、平台、经营、管理等方面同移动互联网进行深度融合。目前，除了传统收音机和车载无线广播之外，广东广播还开辟了荔枝广播在线、官方微博微信群、APP、电商平台、网络直播平台等多种新媒体终端，实现了广东广播"处处听得到、常常看得见”。[5] 有从信息采集融合入手，建立“中央厨房”的。如：山东广播电视台建立起自己的新闻高地“中央厨房”，实现了“一次采访、分类制作、定向推送、多屏分发、融合定制”。该台还对新闻采编生产流程进行了彻底改造，要求记者做融媒体记者，到达新闻现场后，既要给移动客户端发稿，也要给广播、电视提供稿件。该台已初步实现手机屏、电脑屏、电视屏三屏互动，公共频道、体育频道、国际频道、齐鲁网、山东广电新闻客户端五端分发。[6] 也有从精细加工播出内容入手，将播出内容加工成更为个性化、专业化、适播化的产品，如：中央人民广播电台《海阳现场秀》节目，将播出内容碎片化，制作成适合音频平台、网络视频、喜剧 TV 等多种表现形式的节目进行多次传播。此外，该节目团队还依据受众的收听喜好进行个性化传播，将其粉丝分为环球旅行团成员、私家车友汇成员以及海阳乐跑团成员等，针对不同类型的粉丝进行更为精准的内容投放，最大限度地满足受众的要求，因而受到受众的好评。[7]

在探索发展广播融媒体实践中，部分地市级广播电台也不甘落后，涌现出一批佼佼者，广东佛山电台便是其中之一。2014 年以来，佛山电台整合可支配的资源，搭建起融合媒体发展平台、产业发展平台、公共服务平台，创立起“花生 FM”客户端、“畅驾”客户端、佛山电台微信公众号及花生宝贝、花生商城、好好约、寻味顺德等 10 多个垂直公共号，以全新的面貌为广大受众服务。其“两微一端”集群涵盖了时政新闻、文化娱乐、车主服务、育儿教育、电商、演出票务、情感交友、美食等内容，做到了跨领域、跨产业。佛山电台通过走媒体融合之路，面貌焕然一新，先后获得“2014-2016 全国广电媒体融合创新案例 20 佳”“2015-2016 年度融合创新十大影响力城市广播电台”等称号，2016 年广告收入达 1.6 亿元，位于我国地市级广播电台前列。[8]

上述广播媒体摸索创建广播融媒体的做法，为广播融媒体建设积累了经验，值得充分肯定。

三、我国广播融媒体发展应遵循的基本路径

但是，客观地说，我国各地广播融媒体的发展进度并不平衡：有的已经取得了显著成绩；有的则刚刚起步；有的也想探索媒介融合之路，但不知如何迈步——是与自家创办的新媒体融合，还是与人家的大品牌新媒体融合；有的尚处在等待观望中，等待上面的新精神，

等待别人的成熟经验。有广播电视媒体人这样评价说：说到媒体融合，有这么几个现象比较明显：上面比下面急，口号比行动多，期待比投入大，报纸比广电快，独创比仿制少。产生上述现象的根本原因在于，心中没底，不知道广播融媒体到底应该沿着什么路径发展。因此，明确广播融媒体的正确发展路径，显得格外重要。

依据上文提到的中央台、省市台和地市台发展广播融媒体的成功经验，笔者认为，广播融媒体的正确发展路径，大致体现在四个方面。

（一）广播应该坚持走与自家创办的新媒体相融合之路

广播作为历史悠久的传统媒体，有着自身的特点与优势；在走媒介融合之路时，应坚持“以我为主”、扬己之长，而不是融于其他新媒体中。在新媒体环境下，传统广播媒体应在办好现有节目的同时，下气力办好自身的网站、APP等新媒体，并将新的媒介技术与旧的媒介技术有机结合起来，形成新的传播手段。在此基础上，充分利用媒介融合的有利条件，将多种媒介符号聚合于一身，运用声音、图像、文字、图表等传播符号来传递各类信息，努力探索新的信息表现形式，做到声音、图像、文字并茂，既能听，又可视。这样做，可使广播的优势进一步得到发挥，并不断扩大其影响力。

前一段，有的广电媒体觉得自身的网站和APP影响力不大，走自身媒体融合之路比较困难，曾经尝试与微博、微信及大的视频网站融合，向它们提供信息。实践结果证明，这条路走不通。尽管有的单条信息传播效果不错，点击量几千万次，但由于舆论阵地是别人的，自己不过是在给别人“打工”，得不偿失。

（二）广播在发展融媒体过程中，应该充分发挥声音的作用

声音是连接传统广播与融媒体的桥梁，声音产品不会因为新技术的出现而被淘汰。在融媒体时代，受众更希望自己成为一对一的信息接受者。广播以声音进行传播的特点，使其更容易一对一地进行传播，并深入人心。因此，广播媒体要进行融合转型，支点仍然在于“声音”，因此应该“基于广播，融合传播”。

在融媒体条件下，广播媒体在办好现有广播节目的同时，要适应受众“从线性、顺时、完整”到“回看、逆时、碎片化”的消费模式变化，加工出更为个性化、专业化、适播化的产品，并投送到互联网上供受众收听。其具体运作步骤是：首先，把传统广播节目的精华内容打包出来，做成一个个几分钟的短小音频；随后，对每个短音频项目进行产品品牌化、内容精品化、受众细分化，并打上互联网传播的标签、分类，实现网络可搜索、可归类；最后，投送到移动互联网各个平台和终端，供受众收听。⑨在互联网“四个无限”（无限空间、无限时间、无限作者、无限受众）优势的影响下，在长尾效应的作用下，广播的影响力一定会得到明显的提升。

（三）坚持“内容为王”的原则，努力将节目内容做好、做精

这是广播融媒体发展的基础，任何时候都不可动摇。节目内容除了要传播正能量外，还要不断与时俱进，贴近生活，反映民意。节目形式要生动活泼，喜闻乐见，互动性强，让受众喜欢。

（四）要下气力培养出一批名广播节目主持人，以他们的魅力吸引受众

在融媒体时代，广播节目主持人不再是专业的“播报员”，而是一个独立的、人格化的社会“人”。其在受众中的形象如何，直接决定“粉丝”的数量，直接影响节目的收听率。因此，有计划地培养出一批知名的广播节目主持人，对于广播融媒体的发展，具有重要的意义。传

（本文编辑 刘良龙）

注释：

①石长顺．融合新闻学导论【M】．北京：北京大学出版社．，2013（5）：8

②孟建，赵元珂．媒介融合：粘聚并造就新型的媒介化社会【J】．国际新闻界，2006（7）．

③郑保卫，叶俊．习近平的网络媒体与媒体融合观【J】．新传播。2015（3）．

④融媒体时代传统广播该如何变革 [EB/CD]. 搜狐网．，2016-10-27. http://www.sohu.com/a/117400457_481208 .

⑤融媒体时代传统广播该如何变革 [EB/CD]. 搜狐网．，2016-10-27. http://www.sohu.com/a/117400457_481208 .

⑥山东广播电视台融媒体资源首度发布亮相 [EB/CD]. 搜狐网， 2016-11-23. http://tv.sohu.com/20161123/n473928013.shtml .

⑦王居蔚．广播，融媒体时代受众的“新宠”【J】．中国广播，2016（7）．

⑧朱耀辉．广播媒介融合研究——以佛山人民广播电台为例 [Z]. 中国传媒大学函授本科毕业论文，2017（11）．

⑨融媒体时代传统广播该如何变革 [EB/CD]. 搜狐网．，2016-10-27. http://www.sohu.com/a/117400457_481208 .

用中华传统经典文化滋养受众心灵

——评央视大型文化综艺节目系列

□ 周思明

央视大型文化综艺节目系列的推出，体现民族传统文化与现代受众的有机融合，赋予民族传统文化以时代精神和旺盛活力。这些文化类节目之所以引起共鸣，恰恰在于它们打动人的内心最敏感、最柔软的地方。优秀传统文化的复兴，美可以说是先行者，唯有美才能导出善。尤其在市场经济体制下，逐利思潮导致道德滑坡，人们更渴望传统文化的滋养，而经典文化艺术和其他任何内容相比，是最滋养人心的。

【关键词】中华经典文化　央视　综艺节目　意义　影响

近年来，央视大型文化综艺节目系列的推出，体现民族传统文化与现代受众的融合，赋予民族传统文化以时代精神和旺盛活力。这些文化类节目之所以引起共鸣，恰恰在于它们打动人的内心最敏感、最柔软的地方。中国是一个传统文化大国，有着五千年的悠悠历史，为子孙后代留下大量文化经典，凸显尔雅斯文风范。中华优秀传统文化的复兴，美可以说是先行者，唯有美才能导出善。尤其在市场经济体制下，逐利思潮导致道德滑坡，人们更渴望传统文化的滋养，而经典文化艺术和其他任何内容相比，是最滋养

作者周思明系中国文艺评论家协会会员、广东省作家协会文学评论委员会委员、深圳市文艺评论家协会副主席

人心的。《中国汉字听写大会》《中国成语大会》《中国谜语大会》《朗读者》《中国诗词大会》《中国戏曲大会》等文化综艺节目的相继推出，已然形成一股源源不断、生生不息的巨大文化合力，对广大观众形成一种颇为有益的审美文化熏陶。

一、实行有效的审美教育

孔子云："不学诗，无以言。""言之无文，行而不远。"此乃体现中国作为诗歌大国、文化大国风范的最精辟概括。中国诗歌传统、文化传统，某种意义上与中国文学传统是同构关系。在古代社会，诗是文学的总称。我们现在所说的诗，其实彼时指称的就是文学。而文学自诞生以来，便与美结缘，与善相伴。诗学即文学，文学即人学。文学与人类的关系亲密无间休戚与共，并影响人类的存在与进化。对此，想必每一个与诗、与文学有所接触的人均有体会。可以说，中国人所拥有的善良、诚实、自信、勤奋等品性，有良知的人坚守仁、义、礼、智、信，不像西方人常常是取自宗教信条，很大程度上来源于我们读过的诗文化、经典文学。正是在此意义上，窃以为近年央视推出的《中国汉字听写大会》《中国成语大会》《见字如面》《中国诗词大会》《朗读者》《中国戏曲大会》等节目，有着非同一般的美育功能和人文价值。

央视推出的系列文化综艺节目，目的就在于实行有效的审美教育，也即情操教育和心灵教育。这种审美教育不仅能提升人的审美素养，还能潜移默化地影响人的情感、趣味、气质、胸襟，激励人的精神，温润人的心灵。美育与德育、智育、体育相辅相成、相互促进。近年来，经过各地、各有关部门的共同努力，美育取得了较大进展，对提高民众审美与人文素养、促进人的全面发展发挥了重要作用。但总体上看，美育仍是整个国民教育事业中的薄弱环节，主要表现在一些地方和学校对美育育人功能认识不到位，重少数轻全体、重比赛轻普及、重应试轻素养，应付、挤占、停上美育课的现象仍然存在。央视系列文化类节目的成功播出与良好效果，不啻是对上述薄弱环节的及时有效增益，同时也给我们提供了新的启迪，即美育要遵循人的身心发展规律，通过开展丰富多样的文化活动，培养人们拥有美好、善良的心灵，懂得珍惜美好事物，能用自己的方式去表现美、创造美，达到净化心灵、提升境界的目的。尤其要注重激发人的文化艺术兴趣，发展艺术想象力和创新意识，帮助人们形成健康向上的审美趣味、审美格调、审美理想。

以《中国诗词大会（第二季）》为例，高一女生武亦姝“飞花令”的出口成章，让很多粉丝惊呼这位“00后”美少女，“满足了对古代才女的所有幻想”。有学者评价：“诗歌的真善美是渗透到她心里去的。武亦姝的谦逊不是装出来的，而是有诗意在她心中，她站在那里气定神闲的样子，诗意就出来了，这就是所谓的‘腹有诗书气自华’。”《中国诗词大会》等电视文化节目，对于广大观众来说，也是一种接受审美教育、开拓文化视野的方式，由此可以见到很多平时不常见的或者经常说错的词语、诗句。现在日常写作、交流全部都在键盘化，提笔忘字是常事。《中国诗词大会》《中国成语大会》《中国汉字听写大会》《见字如面》以及《朗读者》，乃是培养观众继承中国传统文化的一种方式，能够让人们多角度地了解中国历史、了解中国传统文化。节目中出现的内容，很多都是人们曾经读过和听过的，它让不同层面的人都可以参与，并起到场外同步参赛和体验的效果。

二、推广中华优秀传统文化

央视推出的《中国诗词大会》面对全国观众，以推广中华优秀传统文化为目的，相信全国各地观众都能收看得到，那么它的影响力和传播范围就是不可限量的，这样就可以达到全民参与的目的。

央视《中国诗词大会》的成功举办，具有非同寻常的人文意义，体现了主办方对中华诗词文化乃至中华优秀传统文化的高度重视，节目对普及中华诗词无疑颇具推波助澜之积极功用。实现民族传统文化与现代文化的融合、创新，赋予民族传统文化以时代精神和旺盛活力，离不开整合本土传统文化这个重要环节，离不开电视媒体与广大观众的相互配合与相互促动。在特邀学者嘉宾蒙曼看来，《中国诗词大会》之所以能引起共鸣，就是打动了中国人的一颗“诗心”。“跟世界上其他任何民族相比，我们是最爱诗的民族。《诗经》和《楚辞》作为源头，唐诗宋词作为高峰，一直到当代毛主席诗词文选，中国人习惯以诗来表达自己的情感，表达自己的审美情趣和人生情趣。”节目恰恰打在了中国人内心最敏感、最柔软的地方。“我们谈传统文化复兴，美才是先行，因为美才能导出善。人们需要精神上的东西，而诗和其他任何形式相比，是最属心的。”在此意义上，《中国诗词大会》以及此前推出的《中国汉字听写大会》《中国成语大会》《中国谜语大会》，已经形成了一股源源不断、生生不息的巨大文化合力，势必会对广大观众形成一种颇为有益的经典文化熏陶，从而达到提升他们的综合文化质素之目的，这无疑是一件功在当代、利在千秋的好事。

央视《朗读者》的闪亮登场，再度吸引了人们的目光，也引发了舆论的热议。《朗读者》有意将文学切入人生，让两者进行了一场暖心的围炉夜话。首场的主题词是“遇见”，让各界精英嘉宾根据主题词去叙说自己的人生故事。《朗读者》第一期的成功播出，让我们对“美文之于人的影响”命题有了深刻的认知。《朗读者》的朗读文本大都是经典或精品：有 96 岁高龄著名翻译家许渊冲的弟子们用中英法文朗读汤显祖的《〈牡丹亭〉题记》，也有来自成都“鲜花山谷”的一对夫妻吟咏感人至深的《朱生豪情书》；有商界精英柳传志饱含深情亲笔写下的《写给儿子的信》，也有无国界医生蒋励携三位同伴朗诵的诺贝尔文学奖得主鲍勃·迪伦的《答案在风中飘扬》；还有世界小姐张梓琳朗诵刘瑜的散文《愿你慢慢长大》。节目间隙穿插的人物访谈，看似与《艺术人生》“撞衫”，但与后者差异显然。如果说朗读是美文重温，那访谈就是从人性的角度阐扬美文的意蕴。两者乃是一种“互文”“互证”的关系。从视听效果看，《朗读者》的美文与人物情感结合得相当紧密，朗读者的情感故事和之后的朗读内容在情感串联上达成了完美的默契和统一。

《朗读者》作为文化情感类节目，彰显央视作为权威电视传媒机构的高远情怀和善美追求。诚如制作人兼主持人董卿所言，现在我们已经进入信息社会，许多普通人都面临很大压力，应该有一个契机，让大家安静下来。如今的年轻人，拼搏一天下来想看点好玩的、好闹的，这样的节目现在太多。打开电视，屏幕上各种花色，各种快节奏，各种消费娱乐，乱花早已迷人眼！央视开播《朗读者》这样的节目，并非只是想让大家读几篇美文，也不是让很多人汇聚在一起比拼朗诵艺术，更不是像《艺术人生》《鲁豫有约》等节目那样局限于演艺明星群体，而是广纳各界人士去朗诵优美文本，引领人们进入一个有意义的世界，让他们“遇见”

各种各样的美好，沐浴化人养心的文化甘霖，从而使内心变得宁静一些、纯粹一些、脱俗一些。

《中国戏曲大会》的意义也非同小可。“让所有懂戏和不懂戏的人都能喜欢”是《中国戏曲大会》制作的初衷。为了打造好这台全民共赏的戏曲节目，《中国戏曲大会》专家团历时半年，出题近600道，题型丰富多样，尤其戏曲专业类题目只占六成，有将近四成是泛文化题目。出题形式根据戏曲特点增加视听题、辨识题、剧目题等。本次大会题目涵盖范围广泛，涉及维吾尔族、藏族、蒙古族、彝族和景颇族等很多少数民族；囊括台湾歌仔戏、香港流行的粤剧、东南沿海流行的闽剧和高甲戏等官方记载的地方剧种70多个，跨越全国30多个省市自治区。为让观众感受到浓厚戏曲氛围，进入特定戏曲情境，首次大会在3600平方米演播室录制，舞台设计上融入大量戏曲及传统文化元素，如折扇、祥云、点翠、天女散花等。

《中国戏曲大会》有一个强烈的亮点：即云集各地各剧种名家大腕，侯少奎、孟广禄、魏海敏、奚中路、钱惠丽等名家作为出题嘉宾进行精彩表演；王立群、蒙曼、张永和、赵景勃、刘连群、赵晓东、张关正、江逐浪、李艳艳等文史及戏曲类专家作为评委进行精彩点评；京剧老生名家谭孝曾在“文物展示”环节，携谭门“宝物”来为选手助力；著名画家李滨声亲临现场作画出题。而张建国、袁慧琴、赵秀君、高闯、王洪玲、王红丽也作为嘉宾选手和百人团选手一起答题同场竞赛。值得一提的是，表演题是由优秀青年演员现场展示传统剧目的精华片段，例如《花田错》里的搓麻绳、《锁麟囊》里的找球、《御碑亭》里的滑步，还有“踩跷”“铁门坎儿”“摔叉”“矮子功”……一连七天上演数不胜数的“戏曲绝活儿”，让观众大饱眼福和耳福。参与现场活动的有港台地区的选手和外国人，还有高校学生、戏曲领域从业者、戏迷等。出人意料的是，早在筹备阶段就踊跃报名者，并非以“念旧”的中老年人为主，大多是“85后”，可以说年轻人占了绝大多数，甚至也有几岁的小孩。

置身商业时代，不少人对传统经典文化失去欣赏的耐心和兴趣，这是因为他们对之不了解，“看不懂”。但如果有媒介或者专家把经典文化艺术知识解释给受众听，让他们能看得懂了，他们就会产生兴趣。有鉴于此，央视主创团体有意将受众认为太专业的东西普及化。以《中国戏曲大会》为例，创造主体的时空自由观与中国传统宇宙观也保持着内在的联系，虚拟表演原则的确立与传统《易》学的意象观关系紧密，传统的阴阳太极观念则无处不在地表现于传统戏曲舞台的方方面面。其中，老庄道论、儒家易理、佛家般耶学说等等，都与戏曲舞台规律肝胆相照、息息相关。有鉴于此，《中国戏曲大会》以通俗话语形式，对神秘的中国传统戏曲文化作历史性的反观，也作美学上的诠释，并涉及社会学、历史学、民俗学、民族学、文化人类学、文化心理学、哲学、文学、艺术学等多门学科。言之成理，持之有故，可成一家之言，在中国戏曲文化传播领域中创建新的视角，开拓新的意义。除了介绍戏曲本身知识外，节目中还加入不少与戏曲相关的文史类题目，它们会涉及中华民族几千年的历史。很多历史悠久的民间传说、文化故事，由专家学者给以重点渲染。像人们熟悉的岳母刺字、文天祥抗元、史可法守扬州等，都会通过戏曲让人们记住这些生动传奇的中国故事。为了达到解疑释惑的目的，节目也会用现代语言、现代人思维将传统戏曲艺术介绍给青少年受众。除了希望懂戏的人关注这档节目，也让那些不懂戏的人通过该节目了解戏曲，同时发现自己也可以很喜欢戏曲。

中国传统文化艺术的形成与中国人整体浑然性的思维特点有着密不可分的联系。“大一统”是举世公认的中华民族精神和传统观念。“大一统”的思维方式培养了中国人思想的趋同性。“同一哲学”的思维传统，培育出“万物皆备于我”的博大胸怀，开辟了中国传统经典文化艺术的广阔道路。中国传统文化艺术自诞生以来就处于严酷的竞争之中。为了抗拒优胜劣汰规律惩罚，为了生存和发展，文化先贤、文学家、艺术家们不断地引进和吸收新的文化艺术因素，丰富自己的手段，提高自己的水平。自觉和不自觉地实践着“穷则变，变则通，通则久”的《易》理。所以，不同层次、不同年龄的剧种至今能分享艺术园地的雨露阳光。而戏曲文学正是在传统文化轨道上进步，深受儒、释、道三教合一的传统文化熏陶。不同的历史时代，政治文化环境的变化，文化思想的变异，社会风尚的转换，都使得传统文化的风貌随之改观。

三、为荧屏吹进一缕沁人心脾的清风

在真人秀、宫斗戏、穿越剧的弥漫下，央视近年推出的系列

文化类节目，为荧屏吹进了一缕沁人心脾的清风。《中国诗词大会》的基本宗旨是“赏中华诗词、寻文化基因、品生活之美”，通过对诗词知识的比拼及对诗歌的赏析，带动全民重温中国古诗词，分享古典之美，感受文化之深，并从传统文化、经典诗文的智慧和情怀中汲取营养，涵养心灵。《中国诗词大会》创作组在诗词题目的甄选上注重“普及性和专业性并重”，涵盖豪放、婉约、田园、边塞、咏物、咏怀、咏史等各个类别，聚焦忠孝、仁义、爱国等中华优秀传统文化主题，透过诗词之美传承和弘扬社会主义核心价值观。中华优秀传统文化中，包含许多为人类所共同遵循的普遍性的生存智慧，每一位中国人都可以通过重温解决“我是谁”“我从哪里来”“我要到哪里去”的问题，同时也能提升个体的文化素质、审美精神和人人必需的与人交流时的表达能力。

央视文化类节目系列所阐扬的中华优秀传统文化，让我想到著名美学家朱光潜先生在他的《文学与人生》一文中说过，“人之所以为人，不唯因为他有情感思想，尤在他能以语言文字表现情感思想。”“有了语言文字，许多崇高的思想，许多微妙的情境，许多可歌可泣的事迹才能流传广播，由一个心灵出发，去感动无数心灵，去启发无数心灵的创造。”而奥斯托洛夫斯基在其长篇自传体小说《钢铁是怎样炼成的》一书中，借用主人公之口，也回答了何为生命价值的问题：“人最宝贵的东西是生命。生命属于我们每个人只有一次。一个人的一生应当这样度过：当他回首往事的时候，他不因虚度年华而悔恨，也不因碌碌无为而羞愧——这样，在他临死的时候，他就能够说：我整个的生命和全部精力，都已献给了世界上最壮丽的事业——为人类的解放而斗争。”系列文化节目的出发点和归宿，就在于通过对传统文化、文学、艺术的重温，净化心灵，升华境界，激浊扬清，救赎灵魂。传

（本文编辑 刘良龙）

New Communication

版权保护

程道才

加强新闻作品版权保护的意义及对策

加强新闻作品版权保护的意义及对策

□ 程道才

近年来新闻作品版权侵权现象日趋严重，直接影响到传统媒体的生存与发展。在这种背景下，采取得力措施保护传统媒体的新闻作品版权，具有重要意义。保护传统媒体新闻作品版权是一项系统工程，需要从加强版权意识教育、提高国民的版权意识，加强法律法规建设、增强传统媒体维权意识并主动维权，传统媒体与新媒体合作建立新型版权利益分配与合作机制等方面入手，方能奏效。

【关键词】传统媒体　网络新媒体　版权保护　对策

以网站、手机媒体和数字媒体为代表的新媒体的迅速崛起，是近年来引人注目的新闻现象。信息容量巨大、传播符号多媒体化、传播速度惊人的新媒体，在为受众带来海量信息的同时，由于存在严重的新闻侵权现象，也对传统媒体带来了不小的冲击，甚至影响到它们的生存与发展。在这种情况下，采取得力措施保护传统媒体的新闻作品版权势在必行。

2017 年 6 月 9 日，我国首届中国报业版权大会在北京举行，会议的目的是提升版权意识，增强报业的版权保护、管理、运营能力，并引导更多媒体机构投入到版权保护中，共同促进中国报业的健康发展。

2019 年 1 月 8 日，由中国版权保护中心指导，中国报业协

作者程道才系广州大学新闻学院教授

会主办，江苏省报业协会、省版权协会协办，中国报业版权服务中心和现代快报承办的2019中国报业版权研讨会在南京举行，来自业界、学界和司法界的100多位“大咖”齐聚一堂，就版权保护经典案例及未来趋势展开探讨，并发出倡议，通过保护、维权、合作，建立自主平等、共融共生、共享共赢的版权交易市场。中国版权保护中心副主任索来军在致辞中表示，内容产品是传统主流媒体的核心竞争力，必须加强保护，这需要业界的共同努力。中国报业协会秘书长胡怀福在致辞中建议，保护报业版权需“三联三做”：即抱团联合，做新产业；技术联结，做精内容；布局联保，做优生态。

一、加强新闻作品版权保护工作的重要意义

打击各种盗版行为、加强知识产权保护，这是一个世界性的话题，对于科学技术和文化产业的发展十分重要。新闻作品版权保护属于知识产权保护的范畴，做好这一工作同样具有重要意义。

（一）加强新闻作品版权保护，可以明显增强我国在国际知识产权领域的话语权和影响力

我们知道，由于历史原因，目前我国在国际知识产权领域的影响力不大，在制定国际知识产权新规则中缺乏话语权。而在知识经济时代，伴随着科学技术和文化产业的飞速发展，版权产业所涉及的范围更为广泛，所涉及的内容更为丰富，所创造的价值更为丰厚。因此，在世界各国，特别是在一些发达国家，版权产业被视为核心经济利益加以重点保护；有些发达国家还时而挥动“版权保护”的大棒向我国施压，对我国进行攻击。在这一背景下，加强版权保护工作，不仅是发展我国科学技术和文化产业的需要，也是维护我国尊严、反击国外敌对势力攻击的必要措施。新闻作品版权保护是版权保护的重要组成部分，认真做好这一工作，有助于树立我国保护知识产权的良好国际形象，有助于提升我国知识产权的国际地位。

（二）加强新闻作品版权保护，有利于加强党和国家的舆论工作，促进我国的意识形态安全

自新中国成立以来，报纸、刊物、通讯社和广播电视等传统媒体，一直承担着确保党和国家意识形态安全的职责，在传播新

闻信息、传达党和政府的路线方针政策、进行宣传教育、提供文化娱乐等方面，做了大量工作，立下了汗马功劳。但是，我们也不能不看到，近年来由于受网络新媒体和智能阅读终端的冲击，上述传统媒体的发行量、接受率和广告收入出现明显滑坡，人才流失严重。应当指出，网络新媒体和智能阅读终端之所以能够快速崛起与致富，除了拥有新的科学技术之外，一个重要的原因就是大量地、毫无代价地使用了传统媒体的新闻作品资源。而新闻作品资源恰恰是传统媒体赖以与其他媒体竞争的核心资源。如果不加强新闻作品的版权保护，传统媒体的基本利益和生存环境就难以得到保护，就将面临逐步消亡的窘境。在这一背景下，党和国家的舆论工作和意识形态安全将面临十分严峻的现实。因此，加强新闻作品的版权保护，直接关系到我国的主流意识形态的舆论安全。

（三）加强新闻作品版权保护有利于我国文化产业和新闻传播业的发展

在知识经济时代，文化产业由于其低能耗、高附加值、行业整合能力强等特点，是创造价值和收益的重要行业，并具有十分广阔的发展前景。新闻传播业作为文化产业的重要领域，在创造价值和收益方面同样具有广阔的发展前景。而要使文化产业得到健康发展，其前提和基础便是加强版权保护。书籍、各种文艺作品、电影、电视剧和各类新闻报道作品，都是创作者的辛勤劳动成果，是在投入了大量人力、物力、财力的基础上取得的。试想，如果某电影公司投资近亿元拍摄的影片，甫一投放市场便盗版满天飞，造成影片滞销和电影公司血本无归，还有哪家电影公司再敢于投资拍电影呢？传统媒体的新闻报道作品也一样，有的作品在采访和写作中投入甚多，但由于缺乏版权保护，甫一发表便被某些网络新媒体侵权转载，损失难以弥补。以南方报业传媒集团报道 2010 年全国两会为例。报业集团派出了 20 人的采访组奔赴北京报道两会，每人平均花费在住宿、交通、餐费等方面的开支成本达 1 万元，如果加上工资、奖金，总支出达 27 万至 30 万元。而由报业集团付出如此巨大经济成本，凝结着记者、编辑心血的两会报道，一夜之间就被一些网络媒体廉价或无偿转载，经济效益甚微。长此以往，报业集团如何生存下去？因此，加强版权保护，直接关系到整个文化产业（含新闻传播业）的生存、稳定与发展。

（四）加强版权保护有助于构建媒体健康发展良性生态圈，促进媒体融合发展

习近平总书记十分重视传统媒体和新兴媒体之间的融合发展问题，并为其指明了努力方向："坚持先进技术为支撑、内容建设为根本。"而要做到这一点，当务之急是要解决传统媒体的新闻作品版权保护问题。现在，传统媒体的新闻报道是我国新闻信息的主要来源，这些内容资源是大型新闻网站吸引用户的重要入口，也是互联网生态链的最重要一环。由于一些网络新媒体存在侵权行为和无序竞争，使得正版网站不能获得预期的用户流量，从而导致广告与增值服务等营收模式严重受损，其斥巨资购买的内容往往无法有效地实现价值回报。如果大型新闻网站的盈利模式难以持续，将引发网络版权交易市场的迅速萎缩，进而影响生态体系内的内容生产、内容改编、内容销售等环节的正常运行。显然，这与构建媒体健康发展良性生态圈是背道而驰的，也会严重影响媒体的融合发展。

二、新闻作品侵权的严重性

据有关传媒机构专业人士调查，在新媒体出现之前，报刊、广播、电视等传统媒体之间的新闻作品侵权现象比较少见；而自商业网站和手机媒体等新媒体面世后，这一现象便多了起来，且愈演愈烈。如果说中小型商业网站对传统媒体新闻作品进行侵权，主要表现为转载或引用时不署名、不标明出处、篡改标题、断章取义、掐头去尾等方面，那么其他形式新媒体的侵权手段，则比前者更进一步。例如：以"今日头条"为代表的新闻客户端，主要通过"搜索链接"方式进行侵权，即通过对信息的整理、归类、排行和大数据处理，对新闻作品进行"二次加工"。再如：以微信公众号为代表的自媒体，新闻侵权现象同样严重。据微信官方公众号"微信公开课"发布的《为什么你的账号被封了》一文显示，自 2015 年 2 月 3 日微信公众平台公布《微信公众平台关于抄袭行为处罚规则的公示》以来，微信公众平台日均处理的抄袭侵权单高达 600 单，因抄袭被处罚的账号数达到 497 个。[①]

事实证明，与商业网站相比，移动互联网新媒体侵权手法不仅更为“高明”，而且更为隐蔽，更加难以发觉。其原因在于：商业网站一般通过电脑进行操作，而电脑屏幕面积较大，作者、链接、出处还可以展示出来，便于查询。移动互联网新媒体则依靠手机进行操作；手机由于屏幕较小，显示上述内容的难度较大，一些操作者便将传统媒体的报道内容精华直接抓取过去，对信息来源、作者、链接等信息则只字不提。

中小型商业网站和移动互联网新媒体毫无休止的侵权行为，严重侵犯了传统媒体的新闻作品版权，同时也使付费购买新闻的大型网站深受困扰。因此，对上述媒体进行侵权治理，是维护传统媒体新闻作品版权的重中之重。

近年来我国中小型商业网站和移动互联网新媒体的新闻侵权现象，大致具有以下几个特点：一是侵权的范围广，被侵权媒体众多。如有一家新媒体将自己的 APP 与各大传统媒体的头条新闻进行深度链接，实际上是将这些媒体的头条新闻毫无代价地拿来“为我所用”。二是技术手段先进，隐蔽性强。中小型商业网站和移动互联网新媒体往往依托于各类网络新技术进行侵权，通过转码抓取复制、深度链接、改写加工原创新闻作品等多种手段，对传统媒体的新闻作品进行侵权，隐蔽性强，监控难，令传统媒体防不胜防。三是侵权获利率与侵权成本之间的反差太大，致使有些新媒体不惜以身试法。四是被侵权媒体维权比较困难，成本高，即使起诉到法院并胜诉，最终获得的赔偿也微乎其微，得不偿失。

三、加强新闻作品版权保护工作的对策

新闻作品版权保护是一项系统工程，需要多部门共同努力，从多方面做工作才能奏效。

（一）加强版权意识教育，提高国民的版权意识

版权意识是国民素养的重要表现，是衡量国民文明程度的重要尺度。加强对各类文化产品（包括新闻作品）版权保护的宣传和教育，提升全社会版权保护意识，是建设文化强国的重要内容，应该切实抓好。近几年来，我国在加强知识产权（含版权）保护方面做了不少工作，取得了一定成绩，但是由于多种因素的影响，仍然存在不少问题和差距。不少国民对于保护各类文化产品（含

新闻作品）版权的意义认识不足，版权保护意识淡薄，尚未形成尊重版权、尊重原创、使用正版的良好习惯和风气，热衷于吃“免费的午餐”。有些人甚至千方百计地无偿侵占他人的版权，为本单位或自己谋利益。思想意识决定具体行动。要想加强对各类文化产品（含新闻作品）版权的保护工作，就必须从思想教育入手，在全社会进行保护版权教育，宣传普及版权保护知识，力求做到家喻户晓、妇孺皆知。只有这样，才能提升全社会对文化产品（含新闻作品）的版权保护意识，才能提高版权保护的效果。网络新媒体从业人员也会通过全社会性的版权意识教育，提高版权保护意识，尊重他人劳动成果，加强自律，主动杜绝新闻作品侵权现象发生。

（二）加强新闻作品版权保护立法工作，加大新闻侵权的惩罚力度和赔偿力度

应该指出，随着科学技术的飞速发展和新媒体的崛起，原有的部分保护新闻作品版权的法律规定，已经难以适应需要。现行著作权法及相关法律法规虽然对保护新闻作品版权做了具体规定，但又明确指出“本法不适用于时事新闻”；而对什么是“时事新闻”又缺乏清晰的界定，这就给部分网络新媒体进行新闻作品侵权留下了可乘之机。事实上，一些网络新媒体正是通过一味地扩大时事新闻“合理使用”的边界而进行新闻作品侵权的。有针对性地对涉及新闻作品版权保护的法律法规进行修订与完善，已是当务之急。

另外，我们也应该看到，部分新闻侵权者之所以敢于一犯再犯，一个重要原因是认为新闻侵权的成本低，惩罚力度小，无所谓。事实也确实如此。目前，各地法院在判决赔偿标准时，一般根据《使用文字作品支付报酬办法》确定的“千字 80 到 300 元”的标准确定赔偿数额，最高判赔标准为 700 元 / 千字。由于判赔标准过低，且缺乏其他惩戒措施，一些财大气粗的商业网站和新媒体公司，根本不把它放在眼里，依然我行我素。因此，对于新闻作品侵权行为，应该提高判赔标准，加大惩罚力度，使侵权者望而生畏，真正起到警示、震慑作用。

2018 年 10 月 8 日，江苏省高级人民法院终审判决，今日头条未经授权转载现代快报 4 篇稿件，赔偿经济损失 10 万元及相关合理费用 1.01 万元。这一判决的重要意义不仅因其单篇稿件的赔偿金额创史上之最，而且从法理上驳回了今日头条认为“仅提供链接服务，已获得相关网站的授权，不存在侵权故意”的观点。现代快报社总编辑赵磊表示，版权保护的目的不是禁止使用，而是希望通过维权来进一步提高版权意识，在内容生产方与使用方之间建立一个合理的对价机制，建设一个良性发展的版权市场，形成一个传统主流媒体与新媒体"共融共生、共享共赢"的新生态。

（三）传统媒体应积极采取措施，维护自身的正当权益，建立健全法制化版权资产管理与维护体系，坚决打击形形色色的新闻侵权现象

近年来我国传统媒体新闻作品侵权现象之所以日趋严重，也与传统媒体对新闻作品版权的保护意识淡薄、维权积极性不高有关。有的传统媒体负责人片面地认为，通过网络媒体转载，可以提高本媒体的知名度，同时也可为本媒体转载他人信息提供便利条件，因此对网络新媒体的侵权行为持容忍和纵容的态度。据《传媒》杂志《新闻作品版权侵权与防范》课题组调查，1/3 的媒体单位出于提升自身影响力的考虑，乐意被转载；只有不到 1/3 的媒体单位对于无偿网络转载无法容忍；还有一部分媒体单位虽无法容忍侵权行为，但也不会进行维权。② 正是在传统媒体的容忍和纵容中，以转载传统媒体新闻作品起家的门户网站迅速做大并相继上市，并对传统媒体造成了越来越大的冲击。

为了维护自身的合法权益，传统媒体应该亡羊补牢，建立健全法制化版权资产管理与维护体系。例如：制定统一标准，解决媒体和记者职务作品的版权归属问题。《中国青年报》自 2010 年开始，就通过作者委托的形式，由报社出面进行维权，维权赔付归个人，这在一定程度上激发了记者参与维权的积极性。再如：定期发布版权声明，建立反侵权公告机制。还有，设立专门部门或安排专人负责版权管理，将被侵权的文章全部公证下来，再向各侵权单位发律师函并附上公证书，然后与对方进行谈判，要求合理赔偿。

（四）传统媒体与新媒体合作，建立新型版权利益分配与合作机制

由于传统媒体和网络新媒体各自具有自身的优势，融合发展是大势所趋。为了妥善解决传统媒体新闻作品版权问题，努力探索传统媒体与网络新媒体的新型版权利益分配与合作机制，实为一种可行性选择。双方应该联合主管部门，围绕与传统媒体新闻作品版权使用相关的一系列问题进行商讨，制定出切实可行的施行方案并予以遵循，以利于双方的融合发展。传

（本文编辑 刘良龙）

注释：

①②《传媒》杂志《新闻作品版权侵权与防范》课题组．我国新闻作品版权的现状、问题及对策【EB/OL】．中国传媒网，2016-08-17.

New Communication

国际传播

汤姆·琼斯（Tom Jones）原著 辜晓进 编译

一份报纸的十年祭

——回望《洛基山新闻》，一家美国强势媒体之死及其身后的城市

吴 炎 编译

美国“本地新闻”的运营现状

一份报纸的十年祭

——回望《洛基山新闻》，一家美国强势媒体之死及其身后的城市

□ 汤姆·琼斯（Tom Jones）原著 辜晓进 编译

10年前的2009年，经金融危机和业已爆发的新媒体的双重冲击，坐实了全球报业的衰退趋势。这一年，《基督教科学箴言报》等数家百年老报停止印刷版而转为网络媒体，引发报纸末日来临的惊叹。而有着150年历史的中西部著名报纸《洛基山新闻》的关闭，更引起拥有两份以上日报城市的恐慌。种种迹象都确切地表明，报业的黄金时代已经结束。本期编发的这篇文章，通过对《洛基山新闻》关闭过程及其后影响的案例讲述，有助于我们更加深刻地认识新媒体环境下报业不进则退的生存困境。

【关键词】美国 洛基山新闻 新媒体环境 报业 生存困境

2008年早些时候，约翰·坦普尔（John Temple）还在兴奋地筹划自己这份报纸创刊150周年的庆祝活动。作为《洛基山新闻》（Rocky Mountain News）的发行人、总裁和总编辑，坦普尔打算于2009年4月的创刊日出一期大型纪念特刊。

然而，2008年报业被卷入了漩涡，这年也成为美国媒体的一个拐点。印刷广告的大量流失，数字媒体的严峻挑战，美国自20世纪30年代大萧条以来的最大经济危机，给美国的报业带来了灾难。到2008年末，《洛基山新闻》作为这个国家一度最受尊崇的报纸之一，已堕入财务的自由降落通道。

它将永远无缘庆祝自己的150岁生日。

汤姆·琼斯系美国媒体记者；辜晓进系深圳大学传播学院教授

2009年2月26日，印刷厂刚印出来的最后一期《洛基山新闻》（AP图片/David Zalubowski）

10年前的2009年2月27日，美国大报《洛基山新闻》，死了。

“谁会想到《洛基山新闻》会消失？”坦普尔说，“即便10年后的今天，也难以置信。”

《洛基山新闻》的停刊震动了新闻业，其产生的连锁反应波及全国的报纸。这也预示着一个黄金时代的结束。在那个时代，一座城市所拥有的健康的发行和广告环境，是可以支撑两份主流日报同时生存和发展的。

此后，报业开始了持续的挣扎。根据皮尤研究中心（PRC）数据，2009年美国日报的发行总量为4560万份。到了2017年，这个数字变成大约3100万份。从2007年到2017年，全国的报纸广告收入由453亿美元剧降至164亿美元。大量裁员、资源削减、买断工龄，成为业界常态。

新闻业饱受折磨。

以丹佛为例，曾经有两家大型报纸竞争着为科罗拉多州的民众提供资讯服务，如今只剩下一家报纸，其员工仅能维持对丹佛市的新闻服务，而将整个科罗拉多州的资讯弃之不顾。幸存的《丹佛邮报》，如今为一家风险投资公司所拥有。很多人批评这家公司是赚钱第一，新闻第二，因而有人称其为“秃鹫公司”（意指其贪婪成性——译者注）。即便是该报员工，也意识到新闻产品受到的伤害而挺而反抗自己的大老板，公开要求其将报纸出售。

“这就是过去10年发生在美国新闻业的窘境。”坦普尔说，“丹佛只不过是窘境中的一个典型案例。”

一、曾经的全国最佳之一

早在科罗拉多州诞生之前，《洛基山新闻》就已创刊。该报于1859年4月23日出版第一期，彼时距林肯当选总统还有两年时间，距科罗拉多被联邦政府承认为美国的一个州还有17年时间。该报以揭露和打击黑暗势力和腐败现象而闻名全国，尤以对黑帮头子“肥皂史密斯”(Soapy Smith)的曝光而为读者所记忆。史密斯因1880年代涉及肥皂生意的街头骗局而得此诨名。

1926年，该报被美国著名报业集团E.W.斯克利普斯（E. W. Scrips）收购，此后一直为该报团所有。1940年代，该报险些被关闭，是时任总编辑杰克·福斯特（Jack Foster）1942年说服斯克利普斯将报纸由对开版本改为四开版本，报纸才得以重生。那一决定导致《洛基山新闻》从外观上与同城另一报纸《丹佛邮报》拉开了距离，也开启了这座高海拔城市（高于海平面一英里，所以被称为Mile High City——译者注）两家主流报纸的差异化竞争时代。

半个世纪以来，丹佛一直是美国拥有大报的城市之一，也是报业竞争的著名战场之一，特别是迪恩·辛格尔顿（Dean Singleton）的媒体新闻集团（MediaNews Group）1987年收购了《丹佛邮报》之后。

丹佛市两报发行量竞争图（1977–2009）

黑色：《丹佛邮报》　绿色：《洛基山新闻》

辛格尔顿接管《丹佛邮报》时，该报的平日刊发行量仅为22.7万份，比《洛基山新闻》少10万份。经过10年的稳定增长，《丹佛邮报》于 1997 年以 334486 份超越《洛基山新闻》的 316910 份，这是该报 1980 年以来对竞争对手的首次超越。

《丹佛邮报》虽然名字里包含“丹佛”，却是整个科州的报纸，而《洛基山新闻》才是真正意义上的丹佛城的报纸，尽管它也覆盖科州其他一些城市。《洛基山新闻》的小报版式和设计风格，看上去很像一份杂志。该报是美国报纸设计奖的获奖常客。

“市民喜欢亲热地叫这份报纸为‘我的洛基’。”坦普尔说。

《洛基山新闻》以其视觉和图片的冲击力而闻名。它曾两次获得普利策奖的突发新闻图片奖：一次是 2000 年科伦比那高中校园枪击案的系列图片，另一次是 2003 年的科罗拉多森林大火。

警方在校内搜查枪击者时，被惊吓的学生挨着墙向一座小山上逃避。（《洛基山新闻》1999 年 4 月 20 日）

消防员丹尼尔·克劳福德在与火灾搏斗一天后稍事喘息。这场火灾蔓延 13.7 万英亩，摧毁了 132 个家庭住宅。（《洛基山新闻》2002 年 6 月 28 日）

两报随即展开了更加激烈的竞争，纷纷以大幅降价来吸引读者。到 1990 年代，读者只要花 1 美分就能买到两报中的任何一份报纸。两报还招兵买马增加记者和装备。巅峰时，《洛基山新闻》有 275 名记者，《丹佛邮报》有 225 名记者。

辛格尔顿有一次对《丹佛邮报》说："在我的从业生涯里，还从未见过像丹佛这两家报纸竞争这么激烈的情况。"

两报并不仅仅以降价手段实施竞争，还在内容上互相比拼。当某报派 3 名记者去报道丹佛野马队的巡回比赛时，另一家报纸必定派 4 位记者。如果某报派 4 位记者去报道大赛，竞争对手肯定要派 5 名记者前往。

"我觉得这样的竞争对我们双方都有好处，对这座城市则更加有利，"格雷格·摩尔（Greg Moore）说。摩尔自 2002 年起担任《丹佛邮报》的总编辑，直至 2016 年退休。"我们的竞争让双方都达到最佳状态。"

但这样的竞争也导致成本大幅上升，特别是"便士报"的竞价策略。辛格尔顿说 1999 年自己的报纸亏损了 2500 万美元。他说，《丹佛邮报》虽然从未亏损，但其利润也显著下降。

如此令人惊讶的财务数据，促使两报于 2000 年达成了"合作经营协议"（JOA）。JOA 是美国《1970 报纸保护法》对在同一市场竞争的两份主流报纸的保护措施，其允许竞争的两报在经营方面进行合作以改善财务状况，且可豁免"反垄断法"。波因特学院（Poynter，位于佛罗里达的美国一家新闻研究机构——译者注）的里克·爱德蒙兹（Rick Edmonds）在《洛基山新闻》关闭前曾写到，丹佛的 JOA "有望停止广告费之战和发行价格的无底线打折，这两者都曾经是成本高昂和浪费性的经营策略"。但"报纸保护法"关于协议中必须标明两报之一为"失利报纸"（failing newspaper）的规定，却最终不能真正保护《洛基山新闻》。

丹佛的 JOA 是这样进行的：斯克利普斯集团向辛格尔顿的媒体新闻集团支付 6000 万美元以成为协议中的对等合作伙伴，同时《洛基山新闻》被列为"失利报纸"。双方搬入位于丹佛市中心的一座 11 层楼的崭新楼房办公，印刷厂设备得以更新并由双方共同使用。两报继续在内容方面互相竞争，但各报每周都只出版 6 天的报纸。其中周一至周五两报都出版，周末由《洛基山新闻》出版星期六版，《丹佛邮报》出版星期天版。而在美国，星期天版更受欢迎也更有价值。

事实上，JOA 并未拯救两报。2002 年，当“便士报”策略被取消、报纸价格恢复到恶性竞争前水平时，各报的发行量就从约 42 万份骤降至 30.5 万份。此后每年都持续衰减。

二、一个时代的结束

2008 是丹佛的关键之年，这个城市对经济衰退并无免疫能力。其报业所遭遇的冲击也和美国其他城市的报业无异：广告收入下滑，数字媒体爆炸性崛起。

那年的夏天，这座城市成为民主党全国大会的主办地。里程碑式的历史记录在这里诞生：巴拉克·奥巴马成为美国历史上第一位主要党派的非洲裔美国总统候选人。

总统大选历来是政治领域的试金石题材，坦普尔于 2008 年初想到一个看上去十分精明的主意，但结果却因报业深陷的金融灾难环境而失败。

他的建议是建立一个“红蓝美国网站”（RedBlueAmerica.com），向公众提供自由和保守两派人士有意义和有价值的政治评论。

母公司斯克利普斯集团同意他一试，并给予了坦普尔所谓“真金白银”的财务支持。他选聘了一个 7 人团队来运营这一网站。但到了 5 月，网站才运行不到两个月，斯克利普斯就突然将其关闭。

因为此刻斯克利普斯已经在考虑是否退出报业而专注于电视业。记者出身的斯克利普斯新 CEO 里克·伯内（Rick Boehne）于 2008 年已注意到报业因收入下降而难以为继。

“我记得当时给董事会的意见是：‘底线难以承受’。”伯内说。

在 2009 年 2 月 26 日举行的新闻大会上，《丹佛邮报》董事长兼发行人迪恩·辛格尔顿谈及《洛基山新闻》将于第二天停刊的消息。（AP 图片 /Ed Andrieski）

E.W. 斯克利普斯集团总裁兼 CEO 里克·伯内（左）和《洛基山新闻》发行人、总编辑约翰·坦普尔于 2009 年 2 月 26 日的新闻发布会上宣布《洛基山新闻》将停刊。（AP 图片 /Ed Andrieski）

2008 年 10 月，整个国家已处于金融坍塌的边缘，对报业而言相当于奶油和面包的住房、汽车等销售广告大量消失。分类广告由 2000 年的顶点迅速下降，当时分类广告占报业总收入的 40%。波因特的爱德蒙兹报道说，2000 至 2009 年间，报业的分类广告以骇人听闻的速度下滑了 70%，从 196 亿美元跌至约 60 亿美元。

这一局面将《洛基山新闻》的未来置于特别危险的境地。该报的小报式版式设计有利于吸引读者，却不太受广告商的青睐。由于是较小版面，其整版广告的售价比《丹佛邮报》对开版面低 20%–30%。这令后者在 JOA 中具有更高的资产价值。《洛基山新闻》必须尽快考虑如何满足斯克利普斯不断增长的要求。

伯内说："我们曾经有过讨论，看是否将两份报纸合并，但这恐怕不会得到司法部的批准。"人们一直在争议，一座市场里是否应当保持两个独立编辑部的舆论声音。

斯克利普斯面临两种选择：将报纸卖掉，或将报纸关闭。

当时，劳拉·弗兰克（Laura Frank）是《洛基山新闻》的调查记者，并嫁给了该报的一位体育记者。他们有两个孩子，一个 8 岁，一个 5 岁。她回忆说，她记得伯内在 12 月初时曾宣布会将报纸出售。她知道这是一个难以做到的事。谁会在金融危机的气候下去购买一份被标明“失利”的报纸？

“报纸关闭的消息令我感到恐惧。”弗兰克说，“今后怎样支付住房按揭？怎样维持日常生活？谁都不知道经济状况会怎样发展下去。我们当时感到度日如年。我不知道今后还是否有可能做回我热爱的记者工作。我是记者，这个岗位是我热情的来源，也是一个谋生的职业。我想到很多问题，诸如今后如何养育我们的孩子？下一步会怎样？”

2009 年 2 月 27 日最后一期报纸出版后，劳拉·弗兰克正在收拾自己的桌子。（AP 图片 /David Zalubowski）

在 2008 年至 2009 年的过渡期里，《洛基山新闻》的未来悬而未决，《丹佛邮报》也已知晓这一状况。

“我们知道可能会发生的事情。”《丹佛邮报》的一位编辑恰克·墨菲（Chuck Murphy）说，“所以我们开列了一份《洛基山新闻》员工的筛选名单，打算一旦该报停刊，就从中选聘为我所用。我们在该报仍在出版时，就开始找他们的一些员工谈话了。他们悄悄地来到我们的一个秘密会议室，参加我们的面试。”

快到 2 月时，在宣布《洛基山新闻》上个财务年度亏损 1500 万美元后，斯克利普斯集团不但失去了时间和金钱，也失去了耐心。2009 年 2 月 26 日，在母公司斯克利普斯确认别无选择之后，《洛基山新闻》的员工被召集到编辑部的中间地带。伯内宣布说：

“上午好。我不想多说了，直接回答你们的问题吧。明天将是《洛基山新闻》的最后一期。”

这个宣布并不意外，但依然让大家感到震惊。

“我当时的感觉就像家中自己热爱已久的某位成员终于去世了。”在《洛基山新闻》工作了23年的编辑和设计师汉克·舒尔茨（Hank Schultz）说，“你可能早已预料他们会死，但当他们真的去世时，还是非常惊讶和悲哀。”

就在伯内宣布这一重大决定的同时，《丹佛邮报》的员工在同一座楼的某些楼层，正观看着《洛基山新闻》网站关于这一场景的直播视频。

“我们的楼层一下子安静下来。”该报前总编辑摩尔说。

约200位记者突然失去了工作，仅仅得到截至当年4月底的一笔遣散费用。

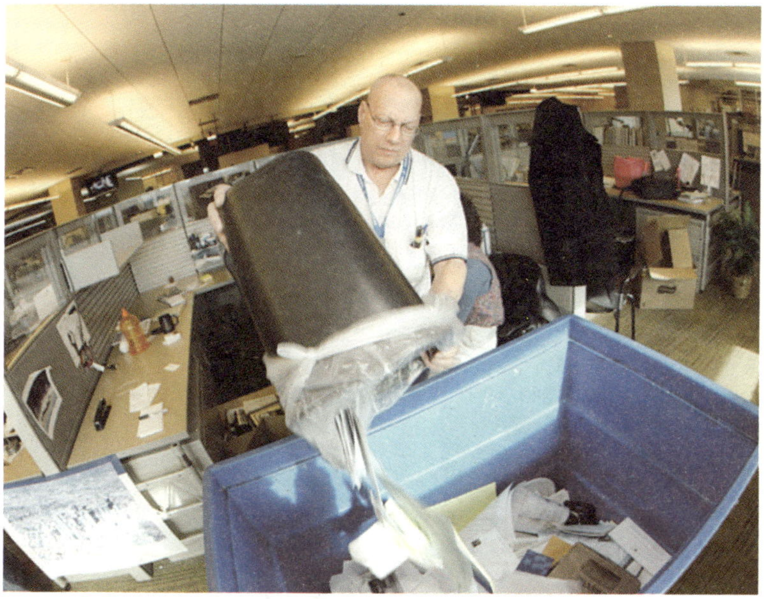

出版完最后一期后报纸，评论员嘉里·马萨罗在编辑部收拾自己的物品。（AP图片/David Zalubowski）

2009 年 2 月 26 日宣布报纸将停刊后，财经主编（右）简·霍拜克与自由撰稿摄影记者马克·皮斯科蒂相拥而别。（AP 图片 / David Zalubowski）

2009 年 2 月 26 日，《洛基山新闻》的演讲主编吉姆·汉弗莱斯在报社一楼大堂接受记者采访。左下角是她 4 岁的女儿，正在吃午餐。（AP 图片 /Ed Andrieski）

现任洛基山 PBS 新闻副总裁的弗兰克继续回忆说：“这是很大的创伤。那天的记忆已深深刻入我的脑海。我记得在最后一个工作日，当人们说这是最后一期报纸时，我停下手中的事情，呆坐在我的办公桌前，不愿离去，不愿让自己一直从事的这个游戏就此结束。”

但对坦普尔而言，游戏还没结束。《洛基山新闻》给他多留了一天。数月以来，他一直在筹备该报150 周年的纪念特刊。现在，所有这些准备好的特刊将随最后一期全部出版。

“对一个多世纪以来一直为这份报纸做出贡献的人们，我们亏欠太多。我们为他们的付出而感到骄傲，”坦普尔说，“我们为这份报纸较好地反映了这个社会和各个社区而感到骄傲。”

在运行了149 年又311 天后，《洛基山新闻》的最后一期于2009 年2 月27 日出版了。头版的通栏标题为：《再见，科罗拉多》。

印刷工人吉恩·莱巴正在丹佛市华盛顿街的印刷厂检查最后一期的《洛基山新闻》。（AP 图片 /David Zalubowski）

三、难以停止的衰退

停刊的消息立即出现在《丹佛邮报》的版面上。《洛基山新闻》86% 的发行量被吸引到《丹佛邮报》。该报平日刊发行量从21 万份陡增至34.1 万份。

该报当时的总编辑摩尔回忆说：“我们在谈论这样的变故对我们来说意味着什么。我们现在必须肩负起两份报纸的责任。这不是停止喘息的时候。这应当是我们往上攀登并表现得更好的时候。这就是当时我们的态度。”

那个时候，《丹佛邮报》有 250 名记者。

“我们想把所有事情都做得更好。”摩尔说。

《丹佛邮报》2009 年 2 月 27 日头版头条报道长期以来的竞争对手《洛基山新闻》停刊的消息。（AP 图片 /David Zalubowski）

然而，辛格尔顿的媒体新闻集团（《丹佛邮报》的母公司）也遇到了财务问题。集团在收购媒体资源方面负债过重，于《洛基山新闻》停刊后仅一年，便申请破产保护。2013 年，集团连同旗下的《丹佛邮报》一起并入数字优先媒体集团（Digital First Media），辛格尔顿仍担任该报发行人。

因难以容忍数字优先媒体集团不断裁员，辛格尔顿于 2018 年 5 月选择离开。他对科罗拉多一家独立新闻网站说：“他们（指母公司）扼杀了一份大报。”

《纽约时报》2018 年 4 月报道《丹佛邮报》平日刊发行量为 17 万份，其官网的每月独立访客量为 860 万。就在那时，《丹佛邮报》刊出多个评论版，直接批评其母公司的上级所有者，说“丹佛需要一个愿意支持新闻业的与报纸相称的业主”。

丹佛从一座拥有两份日报和 500 多位记者、每日发行 846458 份报纸的城市，变成只有 1 份日报、17 万发行量、不到 80 位记者的城市。

当然，从商业的角度看，数字优先媒体集团不算失败。在2017财务年度，该公司报告有1.6亿美元的利润。该公司没有回应我们的采访请求。

现在担任加州大学伯克利分校新闻学院调查报道项目主任的坦普尔，这样批评数字优先媒体集团："他们只顾利润最大化和专注于效益，而将报纸弃于不管直至它们死亡。然后，他们就会将濒危的报纸丢弃路边。这就是他们的经营策略。"

摩尔虽然已不再是《丹佛邮报》的总编辑了，但依然心痛于该报持续的裁员。他于2016年退休，说他对依然在报社工作的人始终尊敬。

"我仍然热爱《丹佛邮报》。"摩尔说，"这对我来说永远不会改变。我只是对它所处的环境感到伤心。我对它在枯竭的资源和逼仄的空间中挣扎感到痛心。我为其拥有者并不住在丹佛而对这里的社区漠不关心感到伤感。当听到这座城市的人们谈论该报时总提到其将要消亡或干脆漠不关心时，我就心痛不已。真的很可悲。"

新闻业并未在科罗拉多消亡。尽管不断裁员，《丹佛邮报》仍竭尽全力生产有价值的新闻产品和获普利策奖的新闻作品。2018年9月，由前《丹佛邮报》员工组建的数字版《科罗拉多太阳报》宣布创刊。新闻网站Westword覆盖着当地的新闻和娱乐资讯。科罗拉多电视台继续生产着值得尊敬的优质新闻。

《洛基山新闻》与《丹佛邮报》间激烈竞争的日子早已一去不复返了，而《洛基山新闻》的老员工们仍充满感情地谈论着过去的时光。2019年3月，他们将举行一次团聚活动。

与此同时，现已成为斯克利普斯集团董事长的伯内，在被问及10年前的往事时，仍郁郁寡欢。

他说："在我自1999年进入董事会以后，一个公司所能做的所有最困难决策中，没有哪个在难度上能超过那次决定。然而从现在回望过去，我想说的是，我仍然觉得那个决定是正确的。"

不过他也明白，当他在编辑部宣布报纸将要关闭的决定时，那些失去工作的人，那些从进入报社起就开始了自己终生事业的员工们，将度过更加困难的岁月。他说他也曾试图考虑有无不同的办法。也许JOA是问题所在。也许金融危机使一切都难以避免。

也许还有其他原因。

他说他在思考，报纸为何未能为数字时代的产业转型早做充分准备。这令他想起电影《虎豹小霸王》（Butch Cassidy and the Sundance Kid）。电影中，Butch 和 Sundance 一直被跟踪。他们也一直在问："那些是什么家伙？"

"我真的觉得那就是报业过去的情况。"伯内说，"我们总是不屑一顾地说：'那些在 Internet 网上的都是些什么家伙？'我们总是忽略他们，直至他们骑到我们头上。"

洛基往矣。邮报也只是其强盛时期的一小部分。

"这些事实告诉你，"坦普尔说，"如果那就是美利坚合众国的未来，则地方社区将必然丧失优质的新闻服务，我们的民主制度也会遭受真正的冲击。"传

（编译自美国波因特新闻学院官网文章：10 YEARS GONE，2019 年 2 月 28 日）

（本文编辑 刘良龙）

美国“本地新闻”的运营现状

□ 吴炎 编译

在美国，不仅农业地区的地方新闻报道日益没落，紧靠像纽约、华盛顿或洛杉矶这样一些大都市的周边地区的当地新闻报道恰恰是做得最差的。为加强地方新闻报道，需要有更多的经济激励手段。

【关键词】美国　本地新闻　运营现状

现在的美国遍布“新闻沙漠”。在许多城区和市镇要么本地新闻很少，要么干脆没有。据统计，美国新闻机构每天制作发布的新闻只有不到20%的内容与地方有关。随着报纸发行量持续下降、广告收入减少和新闻机构员工的收缩，费钱耗时的原创新闻成了自然而然的牺牲品。

如果没有记者去研读地产报告或者参加市政会议，如果没有记者去发现官员的过失并揭露秘密交易，那么地方政客们就可能会肆意妄为，后果可想而知。但后果远不止这些。

研究表明，缺乏高质量本地新闻的地方，选民投票的意愿也相对低。有些缺乏当地新闻城市的市政债券价格上升，则意味着由于缺乏施政透明度，政府支出增长了。而从更宽泛的角度看，缺乏严肃的本地新闻的地方缺乏社会凝聚力，人们的家园意识也会不断受到侵蚀。

杜克大学近期发表的一项研究表明，全美国的地方新闻，无

作者吴炎系深圳报业集团《新传播》原编辑

论数量还是质量都严重不足。

地方媒体机构发布的新闻只有17%是基于本地事件。其所发布新闻的一半以上来自其他地方，比如大通讯社。

电视上的本地新闻也经常是来自电视网络集团或者母公司，还会由于各种原因被轻易变动。

就地方新闻本身而言，只有56%的内容与重要的事情需求相关，比如罪案或基础设施建设等。其他就都是些明星八卦之类的了。

杜克大学的研究使用了美国人口统计局的数据。它从人口由2万到30万的500个城镇中随意抽查了100个城镇，并分析检查了1.6万条新闻。这些新闻来源广泛，包括当地的纸媒、广播、电视和数字媒体，既有英语新闻，也有非英语新闻。

“这些新闻机构的职责应该是聚焦于本地的民生、政治和经济事宜，因为外地媒体不会关注这些事宜。”杜克大学斯坦福公共政策学院教授同时也是本项研究领衔人的菲利普·那波里表示，“当地政府应该正是新闻源之所在。”

但那波里教授并未因地方新闻缺乏而责怪媒体，而是强调其所面临的财务困境。为了应对变化中不断整合的媒体生态环境，地方新闻机构将其有限的资源用于报道和补充大型新闻机构所发布的国内新闻。其结果就是所抽查的新闻中只有11%是关于本地的原创新闻。研究报告同时显示，有些地方新闻机构则干脆不做任何本地新闻报道。

斯蒂芬尼·穆雷是蒙克莱州立大学合作媒体中心的主任。她与新泽西州那些只关注本地新闻的高度本地化媒体机构一块工作。她说这些自给自足聚焦本地新闻的机构与美国普遍缺乏当地新闻的现状相比有云泥之别。

乔·莱宁是《社区影响报》的执行总编。该报为德克萨斯的45个社区出版高度本地化的报纸。他表示，经济现实使关注本地新闻的机构难以生存。他理解机构为了节约成本而打包来自其他渠道新闻的作法。“但如果我们像其他机构那样只关注国内和本州新闻的话，我们就会败下阵来。”他说。

研究显示，在美国，不仅农业地区的地方新闻报道日益没落，紧靠像纽约、华盛顿或洛杉矶这样一些大都市的周边地区的当地新闻报道恰恰是做得最差的。“内容都是从大市场流向小市场。这也削弱了人们看本地新闻的兴趣。”那波里说。例如，新泽西州被罩在纽约和费城的阴影之下，被夹在几个大媒体市场之间。该州曾努力吸引记者为一些小的机构去做本地新闻。

即使在美国最大的媒体枢纽，做地方新闻的机构也备受煎熬。《纽约每日新闻》2018 年 7 月裁员一半。《乡村之声》曾是纽约市和奥尔巴尼（美国纽约州首府）调查不法行为的传奇性报纸，但也于 2018 年 8 月底正式关闭。在华盛顿，也有很多报纸告别了市场。

不管在城市、郊区还是乡村地区，少数民族人群又是当地新闻最少关注的群体。杜克大学的研究显示，有大量西班牙语人口的地区尤其缺乏有力的新闻报道。“大型媒体公司由于地理和文化的原因会经常忽略一些群体。因此，当地新闻机构对这些群体日常生活的报道能发挥重要作用。” 全国西班牙语记者协会主席帕尔塔在一封邮件中写道，“内容生产的地区化，以及失败的内容通用化做法，对那些被忽略的群体（如西班牙语族群）来说是没有用的。在一些小的地方，关于当地政府、教育、卫生和其他一些重要事宜的信息是不可或缺的，倒霉的是公众。”

但也有个好消息。波因特媒体研究学院的调查显示，本地新闻比国内新闻更能获得公众的信赖。70% 以上的美国人表示他们信赖本地的报纸和电视报道，而只有不到半数的美国人表示他们信赖全国性媒体。

“但这是可以变的。” 穆雷表示。

“建立信任在于人与人之间的努力。”她说，“我担心的是，随着驻本地社区记者数量的减少，人们对本地媒体的信赖度会降低。”

在新泽西州，相应的危机已经促使当地政府拨款 500 万美元去重振和强化地方媒体。“长远地看，这也是杯水车薪。但在短期内，这可以促成几个好的项目。” 穆雷说。

《社区影响报》也在努力填补地方新闻报道的空白。它所针对的是那些环绕在媒体势力强大城市（如休斯顿、奥斯汀和达拉斯）周边的小社区。

“美国报道”是一家公益性新闻机构。它准备在 2022 年之前将 1000 名记者投放到人员配置不足的地方性媒体机构。但新闻媒体专家表示，这对解决地方性新闻匮乏的危机来说只能算是皮毛。

“我们也看到有基金会和大学参与进来，但我们更需要政策层面的东西”， 那波里说。他同时相信公共资助可以缓解地方性新闻匮乏的危机。

但在目前的政治环境中，解决问题的机会可能会很渺茫。与其他国家相比，美国政府在媒体上的投入很少。根据挪威媒体咨询机构 Nordicity 的统计，挪威用于公共放送的投入大约是每年每人 140 美元。英国则是 88 美元，加拿大 22 美元，而美国只有不到 3 美元。美国地方新闻机构的总编们一致认为，为加强地方新闻报道，需要有更多的经济激励手段。“在地方，你就是不报道，新闻也在发生着。”莱宁表示，“总得要有人做这个事”。传

（本文编辑 刘良龙）

New Communication

微信微观

李　明 主持

微言高论

微言高论

□李 明 主持

在日益活跃的微信平台上，出现了一批值得关注的公众账号，涌现出许多颇有见地的媒体人。这些人思想开放、触觉敏锐、行文自如，文中广阔的视野和独到的见解时时闪耀出迷人的智慧和思想的光芒。

“微信微观”专栏特别邀请广东外语外贸大学新闻传播学院副教授李明主持，将微信平台中媒体人的真知灼见精选、提炼出来，与大家一起品味、分享。

智媒体离我们还有多远?

哈佛尼曼新闻实验室（The Nieman Journalism Lab）网站刊登作者为克里斯汀·施密特的文章说：“美国媒体机构还在小心翼翼地把人工智能引入编辑部，而中国已经开足马力全速前进了。”这篇文章特别指出，新华社近期发布了“媒体大脑”平台，可以整合云计算、物联网、人工智能和更多的新闻生产，并通过人工智能技术实现新闻线索的搜集、采访、编辑以及后期的报道反馈分析等。这个“媒体大脑”指的是新华智云公司开发的“MAGIC”。在2018年俄罗斯世界杯期间，有报道说，截止到2018年7月18日，31天时间里，“MAGIC”生产世界杯短视频37581条，其中最快一条生产耗时仅6秒，并在全网实现了116604975次播放。

媒体融合进程中，为什么要引入人工智能技术和应用？传统媒体和新媒体相比，一个巨大的差异在于效率差：内容获取、加工、审核等内容处理效率方面有差异；新媒体可以实现大集群、高通量、大传播面、多维度的传播；新媒体的资源利用效率明显更高。而人工智能技术和应用的引入，可以帮助传统媒体和新媒体在多个方面提升效率。

实际上，人工智能技术和应用越来越迅速地在媒体领域得到应用。一些聚合网站、聚合客户端就使用人工智能技术抓取并选择内容。多个媒体和互联网公司开发了写稿机器人。人工智能技术和应用介入媒体内容生产流程。近期最令人期待的方向之一，是以人工智能处理图片和视频资料，通过图像识别和理解给画面自动添加标引，从而使得原有图片和图像资料的利用率大大提升。

随着人工智能技术和应用更多地被引入媒体内容生产和传播领域，人们会看到智媒体更加有力地向我们走来。

文/陆小华 来源：学习时报 2019-01-05

5G将如何改变中国传媒业？大数据和人工智能重构生产关系

1. 视频流将成为主要信息表达形式

5G是信息时代的一个重要的里程碑，5G将提升移动网络的作用，不仅让人与人之间互联，更让机器、物体和终端之间互联互控。5G时代视频流将成为主要信息表达形式，直播无处不在，无人不播。

2. 智能编辑部成媒体的核心引擎

5G时代智能编辑部将成为媒体机构的核心引擎，推动媒体整体转型升级。人工智能技术将在内容生产、产品形态、内容传播、内容监管等各个方面对媒体产生巨大影响。

面对技术变革，传媒必须把人工智能放在媒体创新战略的重要位置，在媒体融合中注入智能思维。用人工智能思维，而不仅是传统互联网思维，来重塑媒体的发展模式、采编流程，重新规划发展路径、重新构筑生态圈。

3. 媒体的未来在于数据和服务

如今传播机制变得网络化、结构化，甚至出现了新闻聊天机器人等交互传播形态。借助人工智能技术，媒体可以识别出怎样的信息触达更能黏住用户，对虚假信息和令人不适的内容进行标记、管理和引导，进而显著提升内容传播效率和质量。

在用户管理方面，人工智能可以辅助用户资产的运营，改善用户体验。媒体的未来不再是新闻和传播，而是在于数据和服务，生产和传播高度融合。利用人工智能技术对数据库进行挖掘，建立用户模型，用大数据和人工智能解放生产力，重构生产关系。

原标题：5G 就要来了，将如何改变中国传媒行业？文 / 李媛 来源：传媒评论 传媒 1 号（ID：zcfhxy）

人民日报新媒体中心丁伟：新媒体内容生态的 8 个趋势

当前，在大数据、云计算、人工智能等技术推动下，新闻传播格局进一步发生深刻改变，新媒体内容生产和传播呈现出一些新的趋势，至少有 8 个方面值得关注。

趋势一：发布主体多元化，媒体、政务发布、自媒体三分天下。

趋势二：与受众的关系正发生重构，媒体影响力取决于对用户的聚拢吸附能力。

趋势三：从可读到可视，短视频将成为主要传播形态。

趋势四：新闻内容被重新定义，泛资讯产业快速拓展。

趋势五：优质内容价值回归，付费阅读成为值得探索的模式。

趋势六：移动端出现“马太效应”，平台化赢得竞争优势。

趋势七：移动互联网进入“下半场”，人工智能由概念进入实操阶段。

趋势八：算法推荐会成为一种方法论，改变信息传播的逻辑和规则。

原标题：人民日报新媒体中心丁伟：短视频将成为主要传播形态 来源：搜狐网

报业发展新气象：母报养子报 报纸进校园

1. 党报广告稳步增长

2018报纸总体广告在下跌，但党报的广告投放仍然持续增长，《重庆日报》《新华日报》《湖北日报》《南方日报》《江西日报》等省级党报，《金华日报》《温州日报》《湖州日报》《荆州日报》等地市党报，包括浙江的一些县市报在调研中都表示，党报的广告投放仍然保持增长，但是这种增长主要由于"专刊专版"等一些非市场化广告模式运作，依靠的是部、委、办、局的广告投放。由于党报广告的增长，一些报业集团甚至已形成"母报养子报"的奇观。

2. 报纸阅读场景稀缺

报纸影响力下降，读报场景正在一步步地被移动互联网下的其他新媒介形态所蚕食，曾经的地铁、公交车、排队、客厅、卫生间等天然读报场景都被手机所替代。高铁列车，由于速度快，4G信号仍然不能覆盖，但随着5G时代，加上高铁列车WIFI的普及，这个很多人认为最适合读报的场景也将消失。

3. 学校成新兴开拓地

从目前情况来看，中小学校的班级是最适合阅报的场景。大部分中小学校不允许学生携带手机上学，这是移动互联网不能覆盖的地方。浙江《树人导报》从都市报《天天商报》转型而来，将发行范围专注于绍兴市53万名中小学生，由教育局从生均经费中划拨一定的订阅费，顺丰快递投递报纸，致力于班级场景的报纸覆盖，目前有50万份的发行量。

《半岛都市报》发起了报纸进班级活动，为青岛各中小学校免费派送全年报纸，并在报纸内容上进行配合，大力发展学生记者，提高报纸影响力。

原标题：2018中国报业发展报告 文/陈国权 来源：编辑之友2019年第2期

《纽约时报》

数字广告收入首次超过纸媒广告

在2018年第四季度，《纽约时报》的数字广告收入上升了23%，达1.03亿美元，纸媒广告收入下降了10%，为8800万美元，在该报历史上数字广告收入首次超过纸媒广告收入！

数字付费用户增加了26.5万人，其中17.2万人为新闻产品数字用户，其余的为Cooking和Crossword的新付费用户，数字用户总人数达到330万人，数字和纸媒用户共有430万人。

这些数字再次证明《纽约时报》内容质量的重要性和它付费墙模式的重要性。

文/孙志刚 来源：微信朋友圈

新闻商业模式会怎么变？

订阅和会员制最受关注

在对新闻商业模式的预测中，被提及最多的话题是订阅和会员制。媒体在数字广告市场上，未来收入越来越多的份额必定是直接来自读者。以下是来自欧美业界和学界专业人士的具体看法以及本文作者的点评。

1.Borja Bergareche，西班牙融媒体集团Vocento首席创新官：

“比起天降救星，用户订阅更像是媒体的一种以优质广告和读者货币化为核心的组合盈利手段。”

2.The New Republic、Newsweek和The Atlantic等美国媒体的前任编辑：

“在号召受众捐赠的时期，一些具有公众意识的媒体开始把自己打造成全国公共广播电台（NPR）一般的定位——他们制作了许多作品来讲述自己继续制作报道的重要性。”

付费内容模式依然存在着较大的创新空间，按篇计量及付费墙绝非唯一的选择。对于某些媒体来说，向大众宣传全部内容均可免费阅读的会员制将会看到成效。

3.Tim Carmody，超文本网站Kottke.org的新闻邮件作者：

“最强大也是最有趣的媒体盈利模式仍将是从会员那里筹

集资金（出于互惠主义的心态），这些受众允许乃至坚持新闻产品应该被免费分发。”

除了订阅，媒体还有哪些潜在的收入来源呢？或许它们可以在信息碎片化的潮流中反其道而行之，开发出应对信息过载的产品。

4.Dan Shanoff，出版策略专家：

“如果你的公司想知道在2019年及以后应该在体育博彩上投入多少赌注，我的建议用行话来说是，‘全盘接管’。”

美国一些基金会已经为新闻项目提供了相对稳定的资金，也许2019年这一趋势将横跨大西洋，在更多地方落地。

5.Adam Thomas，欧洲新闻记者中心主任：

“比起美国，欧洲的基金会目前只有一小部分在投资和支持新闻业，但实际上所有的基金会都需要仰仗媒体提供的便利环境去宣传各自的项目。”

6.John Garrett，Community Impact Newspaper 创始人及首席执行官：

“过去五年报纸都在提高订阅价格，但它的速度即将放缓，因为报业高管会注意到，即便是最忠诚的订阅用户也会有不愿支付的价格红线。”

报纸通过提高单价来弥补用户数量下降的损失，这种小伎俩的有效期显然不长。

原标题：尼曼预测2019：新闻商业模式会怎么变？　文/Joshua Benton 编译/苟于清 来源：德外5号 Nieman Lab 传

（本文编辑　刘良龙）

New Communication

进观外媒

辜晓进　主持

外媒动向

外媒动向

□ 辜晓进 主持

“进观外媒”专栏邀请深圳大学传播学院特聘教授、《深圳日报》（英文）原总编辑、著名媒体专家辜晓进先生主持。一直密切关注全球媒体最新走向并保持高度敏感的辜晓进，在专栏中以“快、新、精”的原则编译国外新闻传媒的最新动态，其中很多是独家信息。

机器人记者在崛起

就在记者编辑们因数字化转型而成为裁员的牺牲品时，由机器人生产的新闻数量也在大幅上升。全球最大的财经新闻通讯社彭博新闻社约三分之一内容，已经交由自动化技术生产。它的这套系统由 Cyborg 公司承担，其可协助记者完成每季度数千篇有关公司营收报告的新闻。

这套系统可以在公司报告发出后的瞬间对其进行分析，并立即形成包含数据和事实的财经新闻。依靠机器人记者永不疲倦和精准的工作，彭博社已经在与其最大竞争对手路透社的竞争中占据上风。彭博社总编辑约翰·米克莱斯维特说：“财经领域的新闻报道，在采用机器人方面明显领先其他领域。”其他领域也包括体育和地震新闻。目前美联社对非决赛的职业棒球赛，《华盛顿邮报》对橄榄球赛，《洛杉矶时报》对地震信息，都基本依靠机器人写稿。

（辜晓进编译自《纽约时报》官网 2019 年 2 月 5 日）

甘尼特集团数字订阅量大幅上升

美国最大报业集团甘尼特公司，旗下报纸的单纯数字订阅量较上年增长 46.3%，达到 50.4 万份，尽管公司 2018 年第四季度的收入略有下降。

这家拥有全国发行量最大报纸《今日美国》和 109 家地方日报的公司，将继续致力于拓展数字平台的用户市场。公司总裁兼 CEO 罗伯特·迪基说，数字订阅量的增长将促使更多读者为报纸内容付费。《今日美国》2018 年的广告收入中，数字广告收入占了 75%。“这是个里程碑式的进步。”迪基说。

对整个集团而言，数字收入为 2.72 亿美元，占全部收入的 36%，占广告收入的 48%。媒体分析师现在把在线的付费订阅量视为新闻业发展越来越重要的基础条件。

（辜晓进编译自《今日美国》官网 2019 年 2 月 22 日）

美国数字广告将首超纸媒广电之和

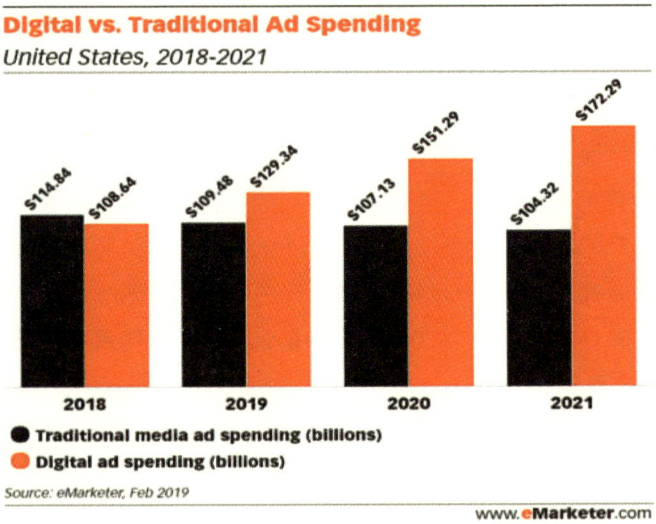

美国数字广告（红）与传统媒体广告（黑）趋势图

国际市场监测网站 eMarketer 的最新预测表明，2018 年美国数字广告支出将达到广告总额的半数以上，首次超越包括纸媒、广播、电视在内的传统媒体广告之和。这个趋势在 2019 年将更为明显：数字广告为 1293.4 亿美元，占比 59%；传统媒体广告为

1094.8 亿美元。数字广告多年来持续增长，主要依赖脸书和谷歌这双寡头公司。即便如此，在 4 年前的 2015 年，数字广告占比也不到一半。2018 年数字广告的前五名分别为：谷歌，占数字广告（下同）38.2%；脸书，21.8%；亚马逊，6.8%；微软，4.1%，Verizon，3.4%。

（辜晓进编译自 www.recode.net 2019 年 2 月 20 日）

《经济学人》以优质内容抬高付费墙

《经济学人》杂志最近将免费阅读量由过去的每周 3 篇压缩为每月 5 篇，以进一步扩大收费订阅量。

根据英国发行量稽核局（ABC）的数据，目前该刊总发行量为 160 万份，其中的 79 万份是数字订阅量。该刊全球发行执行主任玛丽娜・海顿说，在过去的 5 年里，该刊的发行收入翻了一番，公司将沿着这个方向继续扩大发行收入。她表示，从 3 月起，该刊将提高数字订阅的价格，从每期 12 英镑提高到 15 英镑，理由是读者对内容质量的关注高于订阅价格。为此，公司将在优质内容的生产上加大投资，以更高的质量吸引更多的订户，同时也展开更加积极的营销。2018 年下半年，公司就投入 2800 万英镑用于全价发行的营销推广。

（辜晓进编译自 digiday.com 2019 年 2 月 27 日）

《金融时报》取消塑料包装遭投诉

英国《金融时报》从 2019 年元旦起，取消了住户投递报纸的塑料纸包装，旨在保护环境。不料此举竟遭遇订户投诉。

2 月初，伦敦北部一位订户向报社投诉说，扔在家门口台阶上的报纸被风吹得到处都是，几乎无法搜集阅读，质疑这一举措影响了报纸的服务质量。一周后，该订户便收到该报全球发行主任珍妮特・怀特的致歉信。信云：“报社从 2019 年起取消了长期以来为保护报纸而包裹的塑料封套，只在恶劣天气才继续采用塑料套，是为了回应读者对保护环境的关切。我们接下来会继续采取这一措施，但要求投递者设法避免你所遇到的问题。”

据悉，从 1 月份起，《卫报》周六版及其姊妹报《观察家报》也取消了塑料封套。该报周六版类似美国报纸的星期天刊，内容丰富而页数很多，过去一直用封套以免散落。

（辜晓进编译自 www.pressgazette.co.uk 2019 年 2 月 27 日）

迈克拉奇竞购论坛公司

曾于13年前上演蛇吞象戏码并购美国第三大报业集团奈特里德报团的迈克拉奇公司，最近再次出手，以5亿美元竞购美国排行第二的报业集团论坛出版公司。

论坛公司尽管一年前已经将旗下最大报纸《洛杉矶时报》出售，但后来又购入发行量列前10名的《纽约每日新闻》，目前的报业实力仍不容小觑。论坛传媒集团数年前将纸媒与广电资产拆分经营，组成两大独立公司，高层近年一直有意将出版公司售出而专注于广电和新媒体。

据悉，促成迈克拉奇下此决心的主要是公司大股东、被称为西班牙的“巴菲特”的Francisco García Paramés。他是位于马德里一家资产管理公司的创始人，目前持有迈克拉奇18.4%的股份。迈克拉奇公司总部位于加州首府萨克拉门托，在全国28个城市拥有日报，规模比论坛出版公司小得多。

（辜晓进编译自《纽约邮报》官网2019年2月26日）

澳洲报纸发行量整体继续下滑

澳大利亚媒体审计协会（AMAA）最近发布的2018年下半年（7-12月）报业发行量数据显示，总体呈继续下滑趋势，其中五大报纸平日刊的发行量同比平均下降10%以上。

其中，《西澳大利亚人报》的发行量为128365份，降幅15.50%；《悉尼先驱晨报》发行78798份，降幅10.60%；AGE发行74360份，降幅10.20%；《坎贝拉时报》发行13808份，降幅8.90%；《澳大利亚金融评论报》发行39834份，降幅9.40%。但上述报纸不包括默多克的新闻集团旗下的报纸，该集团去年退出了审计协会。

上述报纸的周六版发行量普遍大于平日刊，但也录得8%-10%的降幅，其中发行量最大的《西澳大利亚人报》周六版由一年前的237049份降至207004份，降幅10.50%。

（辜晓进编译自mumbrella.com.au 2019年2月20日）

伦敦《地铁报》状态依然良好

在伦敦《地铁报》的编前会上，听编辑们谈论第二天的新闻选题，仿佛又回到过去的报纸时光，好像网络革命从未发生过。

编辑们不受任何干扰地挑选他们认为读者关心的话题，或对来自通讯社的稿件进行二次加工。这个年头，付费报纸总是脚踩两只船：不断提供在线内容，同时尽量选取不同的角度去生产纸媒内容。而《地铁报》的总编辑泰德·杨及其50名采编人员，却可以将全部精力专注于纸质报纸（该报确实有个网站，但由母公司DMG Media旗下另一个公司运营，与该报无关）。同样，也不像其竞争对手那样总在谋划多元化的收入，《地铁报》的盈利模式很简单：依靠广告。

杨说："我们每一期报纸都要确保盈利，因此必须有50%的广告版面，我们也据此决定每天的报纸总页数。"2018年，该报每月的盈利都在100万英镑左右，保持着十分健康的发展态势。上个月，该报每天上午被取走的报纸高达143万份，远高于《太阳报》和《每日邮报》平日刊的发行量。后两者是英国发行量排前两名的收费报纸，其周末刊的发行量远大于平日刊。该报的内容紧贴市场需求，不热衷政治，排除偏见，注重实用，注重娱乐，版面设计清秀醒目，稿件篇幅很少超过300字。该报也有评论，但不是编辑部的人写，全部来自读者。评论版的版名叫"Talk"（谈论），读者通过电子邮箱或互动网站投稿。（Roy Greenslade）

（辜晓进编译自《卫报》官网2019年2月17日）

印度报业继续保持高增长

印度报刊发行量稽核局（ABC）最近公布2018年1-6月的日报发行数据，显示发行量较上年又有显著增长。印度发行量最大的报纸《太阳日报》（印地语）2018年的发行量为4251236份，而2017年为3758949份。《觉悟日报》（印地语）则由2017年的3964064份增至2018年的4144706份，从排行第一降为第二。排行第三的是《印度时报》（英语），2826164份。其后为《印度斯坦时报》（英语），2625343份。《印度人报》（印地语）则由2017年的1216118份增至2018年的1394944份。总之，几乎所有排前20名的主流日报都有两位数的增长。

（辜晓进编译自allaboutnewspapers.com 2019年2月1日）

默多克新闻集团收入大增

默多克新闻集团2月7日宣布，公司最近一个季度获得1.19亿美元的盈利，而上年同一个季度则亏损6600万美元。这一增长将有助于报业的转型发展。拥有《华尔街日报》《泰晤士报》和澳大利亚最大报纸的该集团，收入增长了21%，主要来自新的视频订阅收入和澳大利亚的付费电视收入以及其他一些经营活动，这些都冲抵了报业的亏损。集团在纽约的数字房地产和图书出版业务也有盈利。《华尔街日报》的数字订阅和美国、澳大利亚报业强劲的数字广告收入，也为增长做出了贡献。其中《华尔街日报》的数字订阅人数从上年的139万增至2018年底的170万。但总的来说，新闻业务方面的收入还是下降了3%，主要源自纸媒广告的下降。今年87岁的老默多克，从2013年公司拆分开始而渐渐隐退，目前和长子拉克兰·默多克共同担任集团董事局主席。

（辜晓进编译自 www.france24.com 2019年2月7日）

《纽约时报》几乎变身数字公司

现在所有报纸都在梦想将原有的商业模式转型为数字生产模式，《纽约时报》几乎做到了。

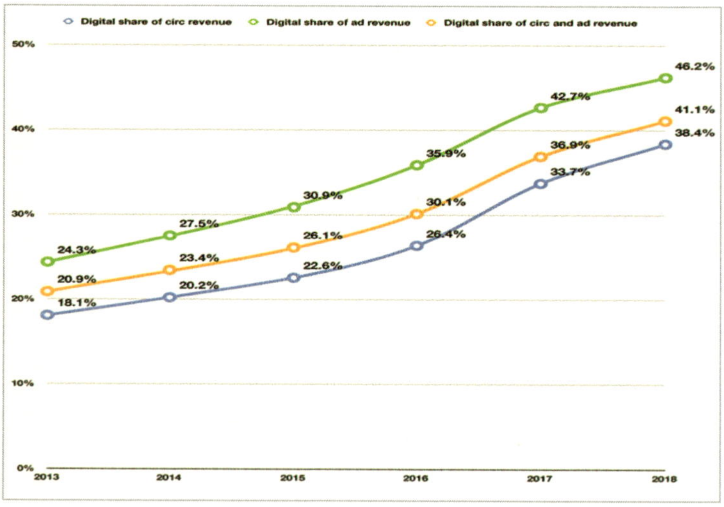

绿、黄、蓝曲线分别为发行收入、广告收入和总收入中数字收入占比。

该报2月6日上午宣布其2018年第四季度和全年的业绩报告，里面充满了好消息。其中最重要的一条，是公司2018年的数字端收入达到 7.09 亿美元，已经非常接近其 2015 年设立的雄心勃勃的、计划于 2020 年达到 8 亿美元数字收入的目标。公司 CEO 马克·汤普森信心满满地表示，要在 2025 年实现 1000 万的发行量（主要是数字订阅量）。

公司 2018 年的总收入为 17.48 亿美元，意味着数字端收入占比 40%，按此趋势很快会达到 50%。在其他报纸纷纷裁员的同时，《纽约时报》的采编人员数量已达历史最高位的 1600 人。而仅仅数字端收入就两倍于这些员工的薪水。目前公司手中握有 8.26 亿美元的现金，有能力进行任何有必要的投资。

绿、黄、蓝曲线分别为发行收入、广告收入和总收入中数字收入占比。

（辜晓进编译自哈佛大学尼曼实验室官网 2019 年 2 月 6 日）

《纽约时报》网站拟向 300 万学生免费开放

一直实施严格付费墙的《纽约时报》2 月 5 日宣布，将允许超过 300 万的美国学生免费进入该报主网站阅读任何新闻。

此举被认为是该报向下一代的投资，进而为将来的收费订阅存储后备资源。这一待遇将惠及全国约 4000 所学校，包括芝加哥、迈阿密等学校密集的大都市和边远的乡村地区。

值得注意的是，这一免费开放项目得到了来自近 75 个国家的众多机构和个人的赞助，而公司于 2017 年起就致力于这一项目的推广。

公司发行部门负责人汉娜·杨说，2017 年有位匿名赞助人，一次性赞助了 100 万美元，但更多的是个人小额赞助，平均赞助额为 50 美元。这些赞助者希望传统的优质新闻服务能够延伸到下一代读者。传

（辜晓进编译自 www.axios.com 2019 年 2 月 5 日）

（本文编辑 刘良龙）

图书在版编目（CIP）数据

新传播·增强“四力”/深圳报业集团舆情与传播研究院编．-- 北京：人民日报出版社，2019.4
ISBN 978-7-5115-5996-8

Ⅰ．①新… Ⅱ．①深… Ⅲ．①传播媒介－发展－研究－中国②中国共产党－新闻工作－学习参考资料③中国共产党－舆论－宣传工作－学习参考资料 Ⅳ．① G219.2 ② D261.5

中国版本图书馆 CIP 数据核字 (2019) 第 074522 号

书　名：新传播·增强“四力”
编　者：深圳报业集团舆情与传播研究院

出 版 人：董　伟
责任编辑：林　薇　梁雪云
特约编辑：刘良龙

出版发行：人民日报出版社
社　址：北京金台西路 2 号
邮政编码：100733
发行热线：（010）65369527　65369846　65369509　65369510
邮购热线：（010）65369530　65363527
编辑热线：（010）65369526
网　址：www.peopledailypress.com
经　销：新华书店
印　刷：深圳报业集团印务有限公司

开 本：889mm×1194mm 1/16
字 数：180 千字
印 张：12.5
版 次：2019 年 4 月第 1 版　2019 年 4 月第 1 次印刷

书号：ISBN 978-7-5115-5996-8
定价：28.00 元